汉字从哪里来

——从甲骨文说起

第四级

王本兴/著

海峡出版发行集团 | 福建教育出版社

图书在版编目（CIP）数据

汉字从哪里来：从甲骨文说起. 第四级/王本兴著. —福州：福建教育出版社，2023.6（2025.5重印）
ISBN 978-7-5334-9419-3

Ⅰ.①汉… Ⅱ.①王… Ⅲ.①甲骨文－少儿读物 Ⅳ.①K877.1-49

中国版本图书馆 CIP 数据核字（2022）第 103795 号

策划编辑：雷　娜
丛书编辑：朱蕴苣
责任编辑：朱蕴苣
封面设计：季凯闻
版式设计：邓伦香

Hanzi Cong Nali Lai
汉字从哪里来
——从甲骨文说起　第四级
王本兴　著

出版发行	福建教育出版社
	（福州市梦山路 27 号　邮编：350025　网址：www.fep.com.cn
	编辑部电话：0591-83726971
	发行部电话：0591-83721876　87115073　010-62024258）
出 版 人	江金辉
印　　刷	福建新华联合印务集团有限公司
	（福州市晋安区福兴大道 42 号　邮编：350014）
开　　本	787 毫米×1092 毫米　1/16
印　　张	9.25
字　　数	136 千字
版　　次	2023 年 6 月第 1 版　2025 年 5 月第 2 次印刷
书　　号	ISBN 978-7-5334-9419-3
定　　价	48.00 元

如发现本书印装质量问题，请向本社出版科（电话：0591-83726019）调换。

前 言

小朋友，你知道今天的汉字，是从哪儿来的吗？——是从甲骨文演变、发展而来的。

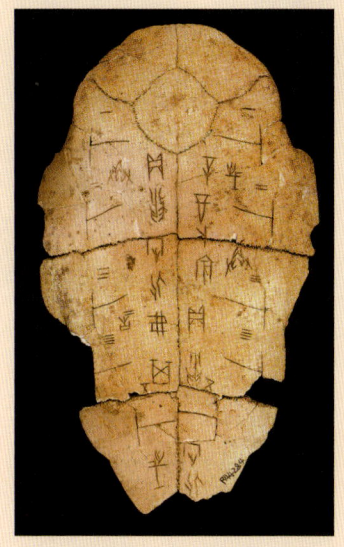

龟甲上的文字　　　　　　龟甲上的文字拓片

甲骨文是什么朝代的文字？离今天有多少年了？——甲骨文是中国殷商时代的文字，是中国最早、最古老的文字，距今已有三千多年了。这些文字用刀刻在龟甲、牛骨等兽骨片上面，所以称为甲骨文。

兽骨上的文字　　　　　　兽骨上的文字拓片

时代变迁，甲骨文被深深地埋在地下。1899年有个叫王懿荣的人首次发现了甲骨文。

甲骨文在什么地方出土？人们已经认识了多少甲骨文字呢？——甲骨文是在现在的河南省安阳市小屯村殷墟发掘出土的。经过许多专家的研究分析，目前认识确定了1400多字。

学甲骨文难吗？小朋友能学习甲骨文吗？——能！事实证明，今天成熟的汉字是个"美男子"，他在三千多年前孕育，在殷商时代诞生。从"辈分"上看，甲骨文是汉字的"少儿期"，少年儿童学"少儿汉字"最适合不过了。小朋友们，你们一定会喜欢甲骨文，一定会学好甲骨文的，加油！

河南安阳殷墟甲骨文博物馆

小朋友，另想说明一下：《汉字从哪里来》参照小学《语文》课本，从识字表、写字表及课文里选取文字，汇编为12级（册），每级70个字。每个字都有宋体、拼音、来历、成因、字性、本义、现代含义、词语、成语、拓片、书写笔顺等元素。一字一图，以图识文，以文寓图，图文并茂，简明扼要，突出了汉字的图画性、象形性与趣味性。还带有该甲骨文字的篆刻或书法作品，有助你开启书法篆刻艺术之门。可以说，每个字，形、音、义齐全，书、诗、画、印皆有，对心灵的文化熏陶与学习，对艺术的熏陶与传承，会有很大裨益。很适合你求进学习！

王本兴

戊戌年秋于南京凤凰西街59号四喜堂

目　录

柳……………2	先……………40
散……………4	养……………42
寻……………6	窗……………44
箕……………8	梦……………46
解……………10	州……………48
礼……………12	陆……………50
物……………14	齐……………52
吹……………16	舟……………54
曾……………18	贝……………56
雷……………20	赏……………58
需……………22	甲……………60
善……………24	品……………62
献……………26	易……………64
买……………28	插……………66
起……………30	商……………68
垂……………32	合……………70
音……………34	尿……………72
求……………36	屎……………74
单……………38	克……………76

此	78	父	110
亡	80	挺	112
室	82	集	114
而	84	于	116
页	86	尽	118
城	88	何	120
既	90	扫	122
竟	92	男	124
妹	94	祖	126
鸣	96	女	128
户	98	母	130
永	100	由	132
航	102	公	134
博	104	炎	136
育	106	反	138
夫	108	微	140

畊
夫
夶

柳 liǔ

甲骨文"柳"字,从卯,像双刀并植之形,这里作标声;从木,像树木之形,即指柳树之意。属形声字。

本义是指柳树。可引申为古代装饰棺车的帷盖、女子身腰、眉毛细长秀美、似柳叶的物品、离别送别等义。

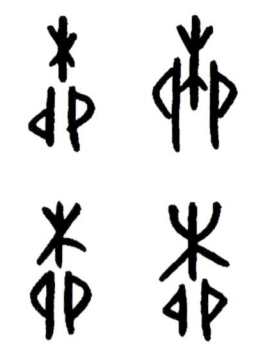

甲骨文"柳"字多种写法

甲骨文"柳"字拓片

甲骨文"柳"字书写时，先写上方"木"部，再写下方"卯"部。注意二者之间距离、大小、长短都要恰到好处，结体布白要端庄平稳，无论是直笔还是曲笔，用笔动作都要完备到位，保持线条浑厚拙朴的质感。写法较多，可参照所附图例与拓片。

读一读

柳絮、柳眉、垂柳、柳暗花明、颜骨柳筋、花红柳绿。

鸣柳
（甲骨文篆刻）

拓展阅读

◆ "山重水复疑无路，柳暗花明又一村。"出自宋陆游《游山西村》。

◆ "柳琴戏"，山东省地方传统戏剧，国家级非物质文化遗产。"柳毅传书"，古老的中国民间传奇杂剧故事。

柳丝轻拂

无心插柳
（甲骨文书法）

散 sàn

其他读音：sǎn

甲骨文"散"字，从林，表示树林之意，又从攴，表示手持棍棒之形。两形会意，表示手持器物敲击树木、驱散林中之鸟。属会意字。

本义指敲打树木，意思是由聚集而分离、分散，与"聚"相对。可引申为扩散、解散、放松、散（sǎn）落等义。

甲骨文"散"字多种写法

甲骨文"散"字拓片

甲骨文"散"字书写时，先写"木"部，再写代表手持棍棒的笔画。注意结体不能过散，两个"木"字都要写得各有特色，三者之间要参差错落、顾盼呼应，直笔曲笔都要讲究质感与力度。

读一读

散播、散（sǎn）漫、散场、散布、散（sǎn）文、散心、散（sǎn）兵游勇、一盘散（sǎn）沙。

拓展阅读

◆ "天生我材必有用，千金散尽还复来。"出自唐李白《将进酒·君不见》。

◆ "散"字谜面：
撒手而去。（打一字）
有水才能溦。（打一字）

散步
（甲骨文篆刻）

风吹云散
（甲骨文书法）

云开雾散终有时，守得清心待月明

寻 xún

甲骨文"寻"字，方口内带斜纹，或省文作"丨"，像席子之形。从二爪，像人张开双手之形，用两手臂丈量席子尺寸。属会意字。

本义指用手臂丈量席子。"寻"今既单用也作偏旁。凡从"寻"取义的字都与长度、寻找等义有关。古代长度单位八尺为一寻。常用义为寻找、探求、寻求、使用、连续、依附、平常等。

甲骨文"寻"字多种写法

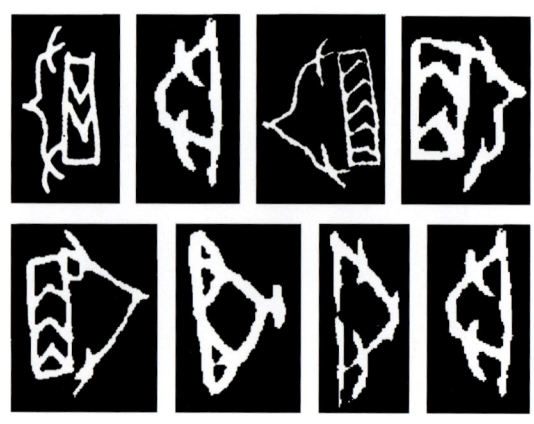

甲骨文"寻"字拓片

甲骨文"寻"字书写时，先写代表席子形的笔画，再写代表两手的笔画。写法较多，可参照所附图例与拓片。

读一读

寻常、寻思、追寻、探寻、寻开心、寻根究底、寻欢作乐、寻山问水、寻幽探胜。

拓展阅读

◆ "儿童急走追黄蝶，飞入菜花无处寻。"出自宋杨万里《宿新市徐公店》。

◆ "寻"字谜面：雪下过了走。（打一字）

寻找快乐

寻问
（甲骨文篆刻）

寻山探水
（甲骨文书法）

箕 jī

甲骨文"箕"字，像簸箕形，指用竹子编的扬米去糠的农具。前面敞口、舌形，后有半圆之帮可把持。"箕"通假"其"字。属象形字。

本义是指簸箕。可引申为簸箕形纹器物、畚垃圾器具等义。

甲骨文"箕"字多种写法

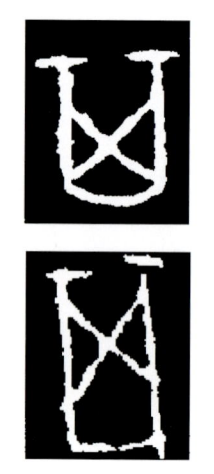

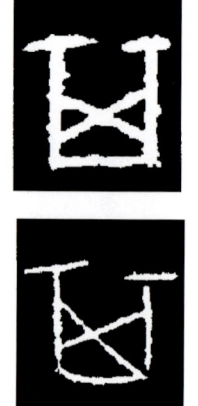

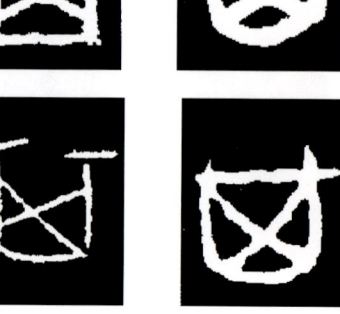

甲骨文"箕"字拓片

˩ㄩㄩㄩㄩ具

甲骨文"箕"字书写时，先写外框"ㄩ"形笔画，再写中间"乂"形笔画，注意"ㄩ"形外框不宜写得过窄过小，线条要保持粗拙感。写法较多，可参照所附图例与拓片。

读一读

箕踞、畚箕、箕风毕雨、箕引裘随、箕山挂瓢、南箕北斗。

箕坐
（甲骨文篆刻）

拓展阅读

《说文》："箕，簸也。从竹廿，象形，下其丌也。"成语"箕山之志"，旧时用以称誉不愿在乱世做官的人。出自三国魏曹丕《与吴质书》："伟长独怀文抱质，恬淡寡欲，有箕山之志，可谓彬彬君子者矣。"

箕山

克绍箕裘
（甲骨文书法）

解

jiě

其他读音：xiè，jiè

甲骨文"解"字，从角，表示兽角之形，从臼，像双手之形，从牛，像牛头正面形。会以双手扳住牛角之意。属会意字。

本义是指宰分解牛。后泛指剖开，可引申为讲解、押送、明白、脱去、分裂等义。

甲骨文"解"字多种写法

甲骨文"解"字拓片

甲骨文"解"字书写时，先写角字部，再写臼字部，最后写下方的牛字部。注意"臼"部与"角"部的斜势、"牛"部穿插到"角"部的笔画，要自然到位，不要有闪避、做作、挤压痕。

读一读

解散、解救、解答、分解、了解、解说、解剖、解（jiè）运、解（xiè）数、解囊相助、解铃还需系铃人。

百思不解
（甲骨文篆刻）

拓展阅读

◆解（jiè）元，明清两代称乡试第一名的人。

◆名典："庖丁为文惠君解牛。"出自《庄子·养生主》。

冰封的河道开始解冻

解甲归田
（甲骨文书法）

礼

甲骨文"礼"字，是古代祭祀时用的"豆"形器皿中放着两串"玉"器，即"豊"，为象形字。后在豊左侧加了示字旁成"禮"，表示祭台，使敬神的含义更为明确。属会意字。

本义指敬神，也指祭祀礼器。可引申为礼仪、礼貌、礼物、尊敬的态度与动作等义。

甲骨文"礼"字多种写法　　　　甲骨文"礼"字拓片

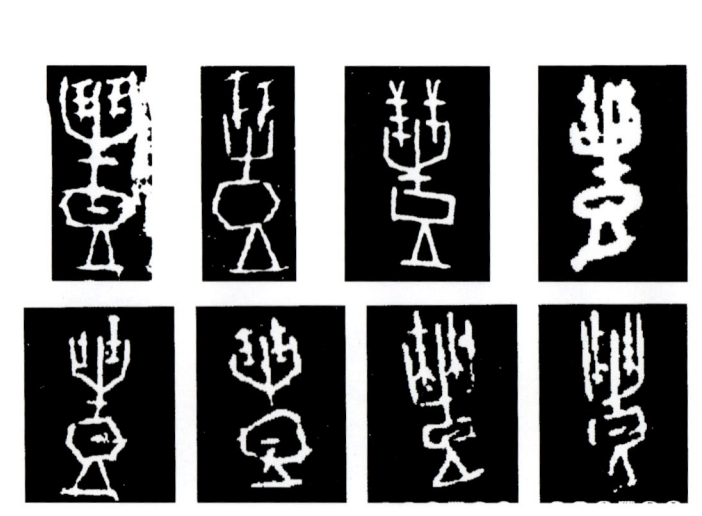

甲骨文"礼"字书写时，先从上至下、从左往右顺序而书，用笔要一波三折，提按顿挫，动作完备。注意"豊"字不能与"豐"字混淆。

读一读

礼品、礼服、礼堂、敬礼、礼节、以礼相待、礼仪之邦、礼尚往来、先礼后兵、礼义廉耻。

拓展阅读

中国自古以来就是礼仪之邦，礼文化深深融入中华民族的生活当中。儒家经典《仪礼》《周礼》《礼记》合称"三礼"，对历代礼制影响深远。

大礼包
（甲骨文篆刻）

礼贤下士
（甲骨文书法）

见到老师敬个礼

wù
物

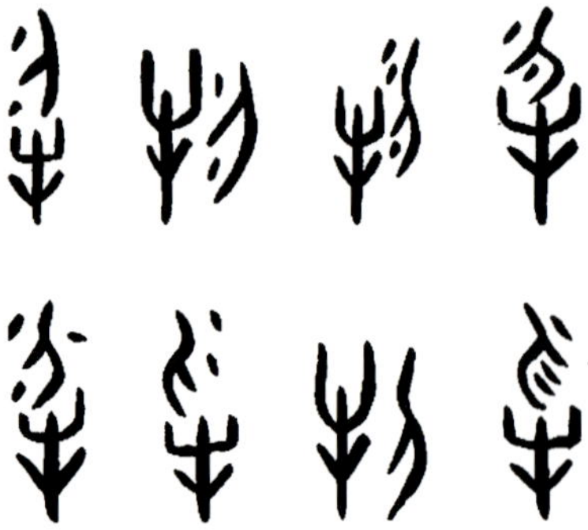

甲骨文"物"字多种写法

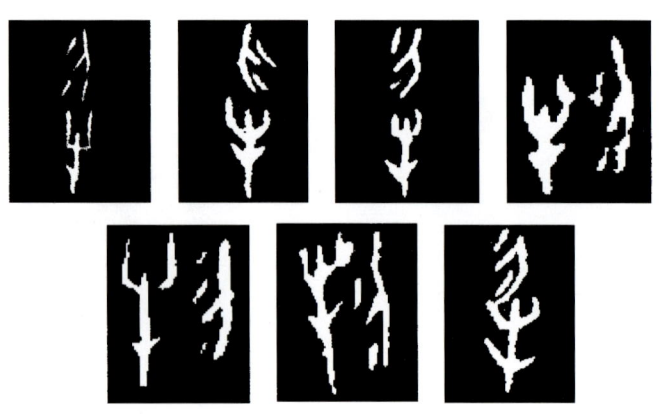

甲骨文"物"字拓片

甲骨文"物"字，从牛，像正面之牛头形，又从刀，像刀之形，缀加点者表示血滴之意。两形会意，表示以刀屠牛。属会意字。

本义为屠牛。凡从"物"取义的字都与事物等义有关。后来也解释为万物、事物、公众、内容、察看、颜色等。

甲骨文"物"字书写时，从上至下、从左往右顺序而书，点斜、横竖、曲直都要笔笔不同，充满变化，各具形质与特色。写法较多，可参照所附图例与拓片。

读一读

物体、人物、物质、物资、物色、物种、物品、药物、物美价廉、物极必反、物尽其用、物阜民丰。

拓展阅读

◆ "人心之动，物使之然也。"出自《史记·乐书》。

◆ "物"字谜面：勿要站在牛旁边。（打一字）

南京云锦——人类非物质文化遗产

厚德载物
（甲骨文篆刻）

物华天宝
（甲骨文书法）

吹 chuī

甲骨文"吹"字，从欠，像一个侧视跪踞的人作张口之状，从口，表示一器皿之口。两形会意，像人张开口向器物之口急促吹气之形。属会意字。

本义指张嘴吹气。可引申为气流、嘘气、吹奏、夸口、破裂等义。

甲骨文"吹"字多种写法

甲骨文"吹"字拓片

汉字从哪里来——从甲骨文说起

甲骨文"吹"字书写时，先写"欠"部上方表示人首张口的笔画，再写下方表示人身的笔画，最后写与之对应的"口"部。注意"欠"部不宜过长，左右要注重变化与呼应。

读一读

吹牛、吹打、鼓吹、吹捧、吹灯拔蜡、吹毛求疵、吹胡子瞪眼。

拓展阅读

◆ "故物或行或随，或歔或吹。"出自《老子》。

◆ "凝妆耀洲渚，繁吹荡人心。"出自唐韩愈《幽怀》。

◆ "吹"字谜面：
先品后饮，大语不停。（打一字）

吹拉弹唱

吹奏乐器
（甲骨文篆刻）

因风吹火
（甲骨文书法）

曾 zēng

其他读音：céng

甲骨文"曾"字，下像蒸锅，上像蒸气腾发之状，指蒸熟食物的炊器。为"甑"的本字。又读曾（céng），表出乎意料、竟然。与"甑"通用。属会意字。

本义指用来蒸制熟食的器具。后多用作虚词。

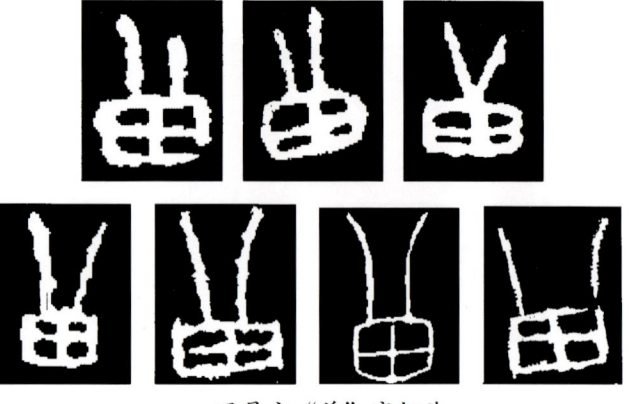

甲骨文"曾"字多种写法

甲骨文"曾"字拓片

甲骨文"曾"字书写时，可从上至下而书，也可先写下方"田"部，再写上方两斜画。注意上方两斜画要形态别具，变化丰富，与下部顾盼呼应，生动多姿。

读一读

何曾（céng）、曾孙、曾（céng）经、曾（céng）几何时、似曾（céng）相识。

曾经沧海

拓展阅读

◆ "孙之子为曾孙。"出自《尔雅·释亲》。

◆ "谁谓河广？曾不容刀！"出自《诗·卫风·河广》。

◆ "曾"字谜面：

马路纵横蹄痕乱。（打一字）

僧人不露面。（打一字）

曾伏虎
（甲骨文篆刻）

未曾相识
（甲骨文书法）

雷 léi

甲骨文"雷"字多种写法

　　甲骨文"雷"字，从申，似电闪雷动，两个圆圈表示响雷所发出的巨大声响，像闪电火球。属象形字。
　　本义指打雷。后来也解释为迅疾、猛烈、爆炸性的武器、春雷、雷同、迅速、雷鸣、附和等。

甲骨文"雷"字拓片

第四级

甲骨文"雷"字书写时，先写长曲画，再写上下短圆画，后写上下小圈画。

读一读

雷达、雷雨、地雷、雷霆万钧、雷雨交加、雷厉风行、雷声大雨点小。

电闪雷鸣

拓展阅读

◆ 唐白居易《闻雷》："瘴地风霜早，温天气候催。穷冬不见雪，正月已闻雷。震蛰虫蛇出，惊枯草木开。空馀客方寸，依旧似寒灰。"

如雷贯耳
（甲骨文篆刻）

雷声大作
（甲骨文书法）

21

需 xū

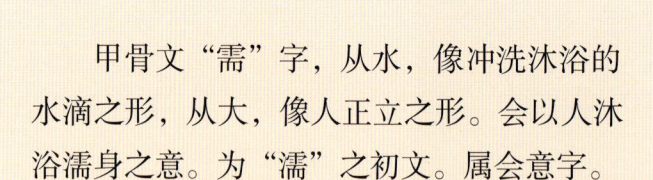

甲骨文"需"字,从水,像冲洗沐浴的水滴之形,从大,像人正立之形。会以人沐浴濡身之意。为"濡"之初文。属会意字。

本义为沐洗。上古原始宗教举行祭礼之前,司礼者需沐浴斋戒,以致诚敬,故后以"需"为司礼者的专名。也表示需要、迟疑、等待等。

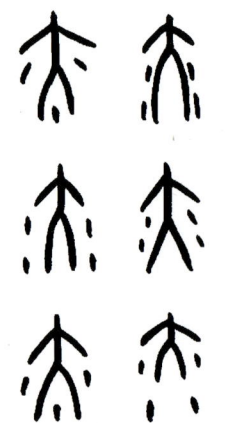

甲骨文"需"字多种写法

甲骨文"需"字拓片

甲骨文"需"字书写时,先写"大"部笔画,再写代表水滴的"点"画。注意在书写"大"部时要留好"点"画的空位,做到自然匀称,不露痕迹。写法较多,可参照所附图例与拓片。

读一读

需要、必需、各取所需、不时之需、按需分配。

拓展阅读

◆《易·需》:"象曰:'云上于天,需。'孔颖达疏:'云上于天,是天之欲雨,待时而落。'"

◆ "需"字谜面:
十分能耐清零后。(打一字)

需求
(甲骨文篆刻)

无需多言
(甲骨文书法)

各取所需

shàn
善

甲骨文"善"字,上从羊,像羊之形,下从二目或省一目,后伪变为二言,像是二人或多人都说羊肉鲜美好吃。"善"应为"膳"之初文。由称赞羊肉好引申为称赞事物好为"善"。殷人以羊为美味,故"善"有吉美之义。属会意字。

本义是指善良。也表示友好、擅长、赞许、容易、多、爱惜、熟悉等。

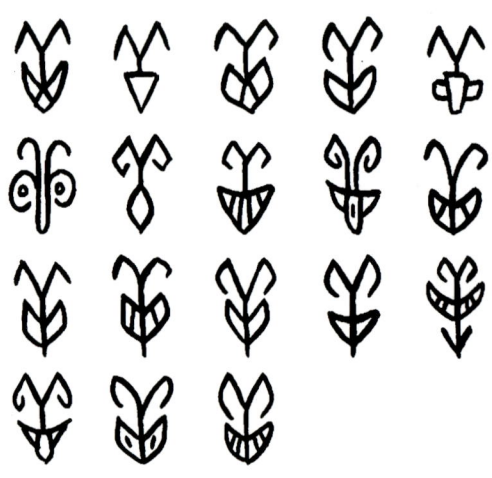

甲骨文"善"字多种写法

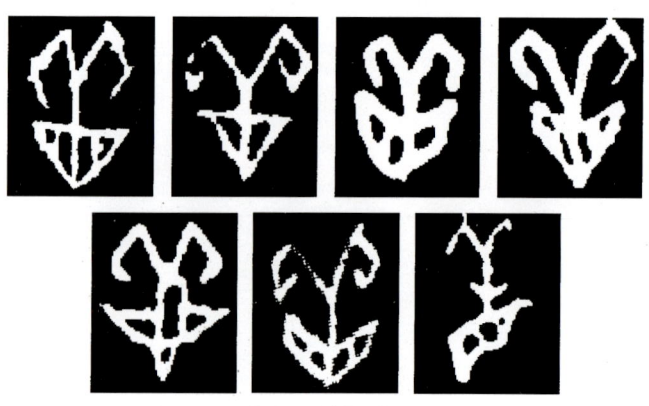

甲骨文"善"字拓片

第四级

甲骨文"善"字书写时,从上往下顺序而书。写法较多,可参照所附图例与拓片。

读一读

善意、善于、友善、妥善、和善、善举、善良、从善如流、善解人意、善始善终、善罢甘休。

拓展阅读

◆江苏宜兴市螺岩山有个地下溶洞,叫"善卷洞"。

◆"善"字谜面:
含羞带喜。(打一字)
前前后后弄得好。(打一字)

善良的心就是太阳

举善荐贤
(甲骨文篆刻)

止于至善
(甲骨文书法)

25

献 xiàn

甲骨文"献"字多种写法

甲骨文"献"字，从"鬲"，像古代三足的锅器，从犬，像犬之形，表示狗肉之意。两形会意，表示以鬲烹煮、烧熟了的狗肉，奉献在祖宗的神灵面前。会以犬牲一类的肉食祭祀之意。属会意字。

本义指奉献祭祀神祖的犬牲贡品。也表示古酒器、向神祖奉献祭牲、进献、奉献、向客人敬酒等。

甲骨文"献"字拓片

甲骨文"献"字书写时，从上至下、从左往右顺序而书，圆曲之笔居多，要求笔随线转，上下、左右匀称对应，屈伸自然，多用裹锋淹留之势，讲究线条质量，切忌飘扫浮滑之笔。

读一读

献礼、贡献、献计献策、出谋献策、借花献佛。

拓展阅读

◆"为宾为客，献酬交错。"出自《诗·小雅·楚茨》。

◆"提壶接宾侣，引满更献酬。"出自东晋陶潜《游斜川》。

◆歇后语：
鲁班面前耍大斧——献丑。

奉献爱心

献花
（甲骨文篆刻）

飞觥献斝
（甲骨文书法）

买 mǎi

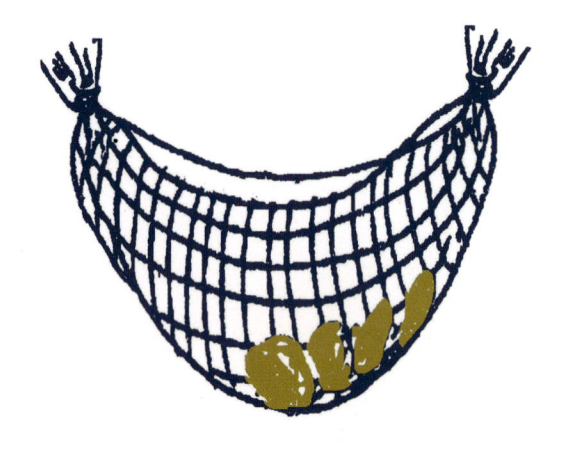

甲骨文"买"字多种写法

　　甲骨文"买"字，上下构型，从网，像网兜之形，从贝，像贝壳之形。会以网取贝之意，表示获得。后用"贝"作货币，即用贝把东西交换进来，此即为"买"。属会意字。

　　本义是指以网取贝。可引申为买卖、求取、招惹、赁、钱购等义。

甲骨文"买"字拓片

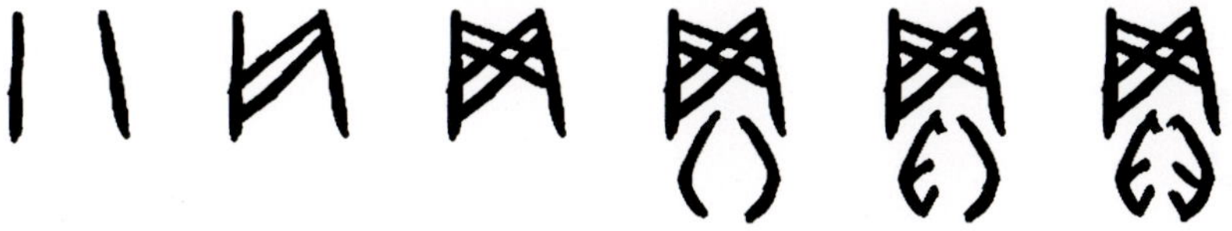

甲骨文"买"字书写时，先写上面"网"部笔画，再写下面"贝"部笔画。注意线条屈伸、圆转、斜直要自然顺畅，行笔要有力度。

读一读

赎买、买票、买单、买办、收买、买空卖空、买椟还珠、招兵买马。

外出旅游时买一些纪念品

拓展阅读

◆宋王安石《寓言》："本来无物使人疑，却为参禅买得痴。闻道无情能说法，面墙终日妄寻思。"

◆"买"字谜面：
小心倒下碰着头。（打一字）

买笔画山
（甲骨文篆刻）

燕王买马
（甲骨文书法）

起 qǐ

甲骨文"起"字，上从己，借作声符，下从止，代表足，表示要行走就要先起来。会挺着上身两腿跪着之意。属会意字。

本义指由坐而立，站起、起来之意。后来解释为站立、离开、移动、上升、开始、发生、建立等。

甲骨文"起"字多种写法

甲骨文"起"字拓片

甲骨文"起"字书写时，从上至下顺序而书，先写上部横竖画，注意不要写得过于平均，大小、长短、粗细等都应有微妙的变化。书写下部"止"时，先写对应的横曲画，再写长斜画，注意起笔收笔都要提按顿挫，逆入回出，强调笔力与线条质感。

读一读

起立、起草、起床、起飞、起源、发起、崛起、起伏、白手起家、风起云涌、起死回生、一波未平一波又起、搬起石头砸自己的脚、万丈高楼平地起。

东山再起
（甲骨文篆刻）

拓展阅读

◆ "体之感觉何自起？曰，起于远近之比例。"出自蔡元培《国画》。

◆ "起"字谜面：
来往不逢人。（打一字）
自己走。（打一字）

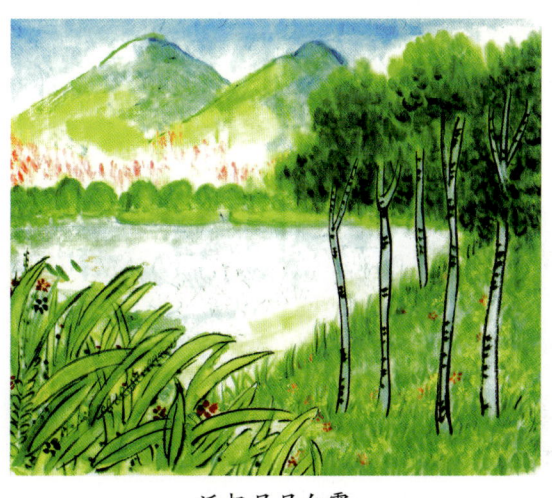

泛起层层白雾

闻鸡起舞
（甲骨文书法）

chuí
垂

甲骨文"垂"字,下从◇,即从土,像土块之形,上像草木枝叶作下垂形。属象形字。

本义是下垂。后来也解释为挂下、流传、将近、边缘地带、接近、俯就、边疆等。

甲骨文"垂"字多种写法

甲骨文"垂"字拓片

甲骨文"垂"字书写时，先写中竖及"土"部笔画，再写两侧代表垂枝、垂叶的笔画。注意笔画的对称、对应性及起收用笔的提按变化。写法较多，可参照所附图例与拓片。

读一读

垂直、垂钓、垂危、垂泪、垂暮、垂头丧气、垂涎三尺、垂手可得、永垂不朽。

拓展阅读

南北朝谢朓《咏竹诗》："窗前一丛竹。青翠独言奇。南条交北叶。新笋杂故枝。月光疏已密。风来起复垂。青扈飞不碍。黄口得相窥。但恨从风箨。根株长别离。"

一只蜘蛛从网上垂下来

垂青
（甲骨文篆刻）

名垂青史
（甲骨文书法）

音 yīn

甲骨文"音"字多种写法

甲骨文"音"字，合体构型，下从口，像人口之形，上从箫管吹奏乐器之形，两侧带点表示发出的声音。属会意字。

本义是指吹奏乐器的声音。可引申为声音、言语、音节、乐声等义。

甲骨文"音"字拓片

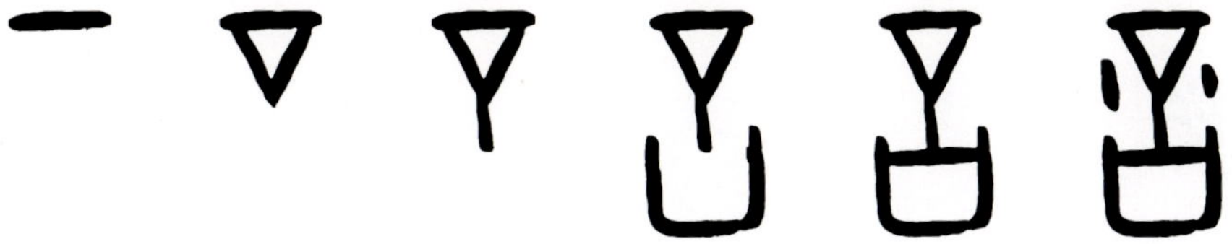

甲骨文"音"字书写时，从上至下顺序而书。注意"口"部不要写得过于窄小，点画不要写得过于分散，用笔强调浑朴凝重，保持线条遒劲而有力度。

读一读

音响、音像、语音、音讯、音调、大音希声、音信全无、音容笑貌、一锤定音。

拓展阅读

古代有五声音阶：宫、商、角、徵、羽。《礼记·乐记》："声相应，故生变，变成方，谓之音。"

树木吐出点点嫩芽，那是春天的音符

大音自成曲
（甲骨文篆刻）

音乐之声
（甲骨文书法）

qiú
求

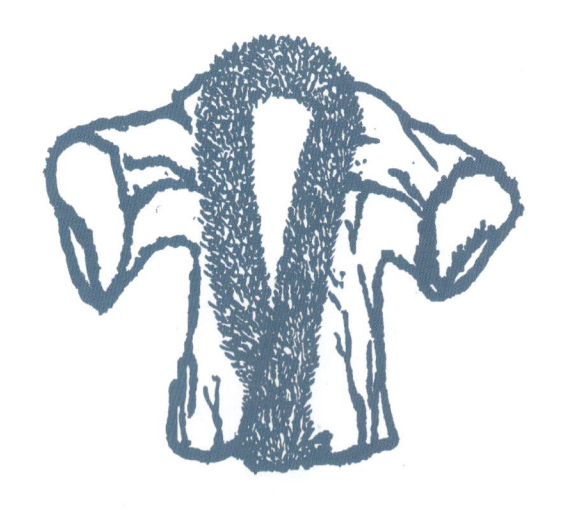

甲骨文"求"字,像是一件毛朝外的兽皮制成的皮袄之形,有衣领有大襟,大襟两侧的短斜画代表皮毛。属象形字。后世在"求"下另加义符"衣"部,突出表现皮衣之义。"裘"就演变成从衣从求的会意,求并兼表声。"求"通假"裘"。

本义指皮衣。后来也表示寻求、追求、请求、乞求等。

甲骨文"求"字多种写法

甲骨文"求"字拓片

甲骨文"求"字书写时，先写上方左右斜画，再写下方左右长曲画，最后写代表皮毛的两侧短斜画。

读一读

求学、求助、求知、求教、请求、要求、求全责备、求同存异、求贤若渴、求人不如求己。

拓展阅读

◆ "孟子曰：'求则得之，舍则失之，是求有益于得也，求在我者也。'"出自《孟子·尽心章句上》。

◆ "求"字谜面：擦边球。（打一字）

我追求的彩色梦境

求索
（甲骨文篆刻）

不求闻达
（甲骨文书法）

dān
单

其他读音：shàn，chán

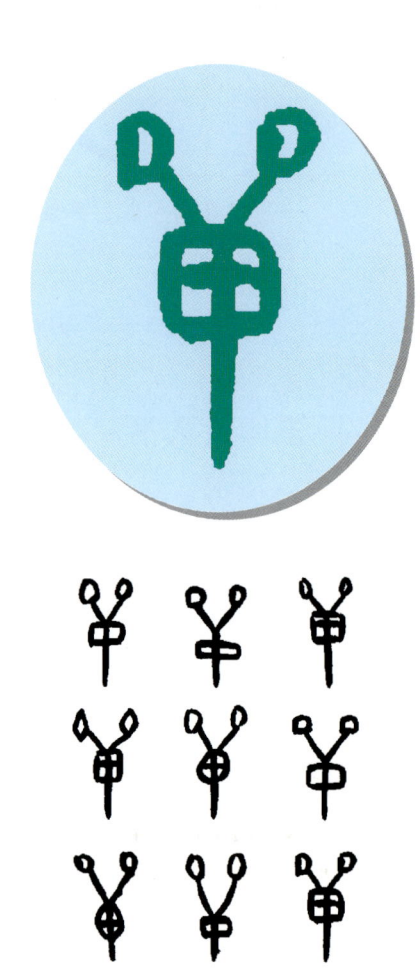

甲骨文"单"字多种写法

甲骨文"单"字，初文"單"，原为原始猎斗工具，后在树桠两端缚上石块而成"丫"字形，在下面缚上绳索，使之牢固，以增击力度，更好地攻取野兽。属象形字。

本义是指用以狩猎或战斗的工具。后来也解释为单独、奇数、微弱、简单、单薄、账单、仅、余数等。

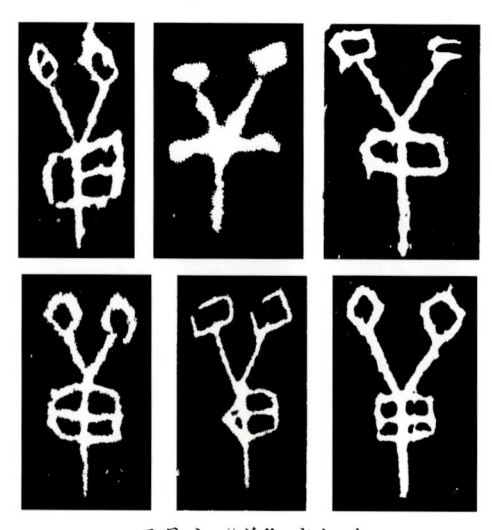

甲骨文"单"字拓片

甲骨文"单"字书写时，先写口字部，再写口字部中间及上方的笔画，最后写竖画。

读一读

单位、单独、单价、孤单、单纯、单调、传单、订单、单（shàn）县、单（chán）于、单枪匹马、单口相声。

拓展阅读

◆ 成语"单兵孤城"，形容军队及驻军的城池孤立无依，势力单薄，没有外援。

◆ "单"字谜面：
十人劳作，田里依旧长草。（打一字）

单刀直入
（甲骨文篆刻）

单口相声
（甲骨文书法）

先 xiān

甲骨文"先"字,从止,表示人的脚趾形,从人,像人侧立形,表示脚走在人的前面,有人先行,或者说人上加"止"字,表示世系在前,即人的先祖之意。属会意字。

本义是指先行。后来也解释为与"后"相对、较早、在前的、祖先、尊称已去世的人、上古的、预先、首创、开始等。

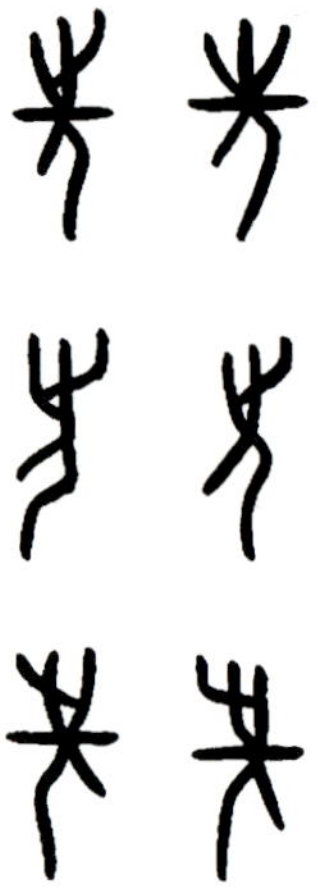

甲骨文"先"字多种写法

甲骨文"先"字拓片

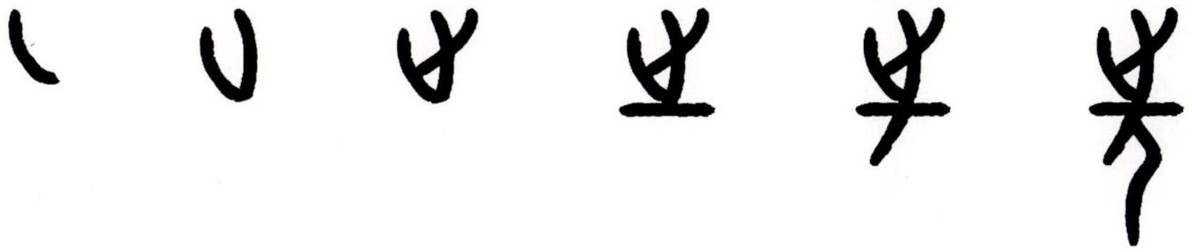

甲骨文"先"字书写时，从上至下顺序而书，正反无别。写法较多，可参见所附图例与拓片。

读一读

先进、先锋、先兆、先烈、先人后己、争先恐后、先礼后兵、有言在先、先下手为强。

拓展阅读

◆ "竹外桃花三两枝，春江水暖鸭先知。蒌蒿满地芦芽短，正是河豚欲上时。"出自宋苏轼《惠崇春江晚景》。

◆ "先天下之忧而忧，后天下之乐而乐。"出自宋范仲淹《岳阳楼记》。

身先士卒
（甲骨文篆刻）

先见之明
（甲骨文书法）

中国少年先锋队队员

yǎng

养

甲骨文"养"字,左右结体,从羊,像羊之形,从攴,表示手执鞭子或棍棒之类的器具。会以手执羊鞭驱赶、放羊之意。属会意字。

本义指饲养。可引申为抚养、教养、修养等义。

甲骨文"养"字多种写法

甲骨文"养"字拓片

甲骨文"养"字书写时，先写"羊"部，笔画要平稳对称，后写"攵"部，注意结体与线条要讲究古朴凝重。

读一读

养殖、培养、供养、赡养、疗养、养育之恩、养尊处优、养精蓄锐。

养天地正气，育人间英才

拓展阅读

◆宋陈宓《劝孝养》："父母辛勤养汝身，直须五鼎奉双亲。有田若不勤耕稼，菽水犹亏岂是人。"

◆"养"字谜面：
一只羊羔没有尾，仔细看看四条腿。（打一字）

养心
（甲骨文篆刻）

养生安神
（甲骨文书法）

窗 chuāng

甲骨文"窗"字，通"囧"，像是古原始窗户之形，即墙上挖洞，交叉安上竹或木棍，成简易的窗户。属象形字。

本义是指窗户。后来也解释为明亮、光明貌、鸟飞貌等。

甲骨文"窗"字多种写法

甲骨文"窗"字拓片

甲骨文"窗"字书写时，从外到里顺序而书。注意圆圈笔画可左右对应二笔而书，接笔在下或在右皆可，结体不要过小。写法较多，可参照所附图例与拓片。

读一读

窗户、窗口、窗帘、天窗、寒窗、车窗、窗明几净、十年寒窗。

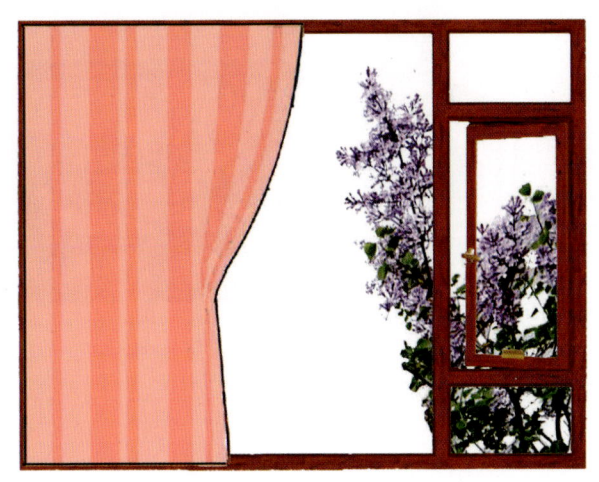

拓展阅读

◆唐王维《杂诗》："君自故乡来，应知故乡事。来日绮窗前，寒梅著花未？"

◆歇后语：

窗户上的纸——一捅就穿。

窗前有一株紫丁香

窗前明月
（甲骨文篆刻）

同窗好友
（甲骨文书法）

梦 mèng

甲骨文"梦"字，从床，"爿"部表示床，从人躺在床上，像是人卧睡床上，手托脑袋做梦之形。宋代前后将上部简化为"林"字，下从夕，写作"梦"。属会意字。

本义指做梦。可引申为虚幻、梦想等义。

甲骨文"梦"字多种写法

甲骨文"梦"字拓片

甲骨文"梦"字书写时，先写代表人之目的笔画，再写代表人身的其他笔画，然后再写"爿"部及其他笔画。注意左右两部首的对应与配合，要顾盼呼应，生动协调，笔画线条要有粗细、拙涩、轻重等变化。写法较多，可参照所附图例与拓片。

读一读

梦乡、梦幻、梦寐以求、梦笔生花、如梦方醒、夜长梦多、黄粱美梦、白日做梦。

花香梦境

圆梦
（甲骨文篆刻）

拓展阅读

◆宋沈括《梦溪笔谈》，是一部著名自然科学、社会历史现象综合性笔记体经典著作。

◆歇后语：
饿着肚子做梦——空想。

◆"梦"字谜面：
黄昏造林。（打一字）

梦圆飞天
（甲骨文书法）

zhōu
州

甲骨文"州"字,像是河流之中的小岛形,为"洲"的本字。属象形字。

本义是指水中陆地。也表示区划、民户编制、大陆等。

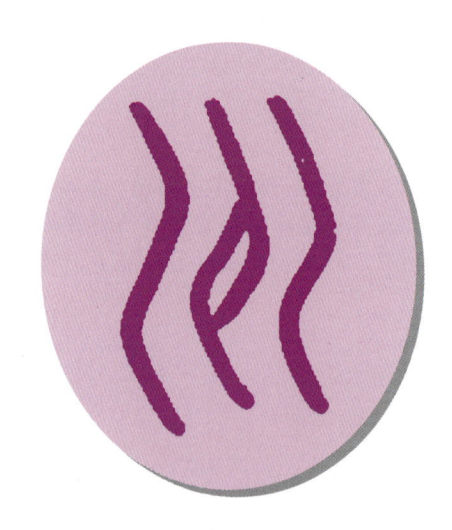

甲骨文"州"字多种写法

甲骨文"州"字拓片

甲骨文"州"字书写时，从左往右顺序而书，注意两边的长折画要一波三折，起伏顺畅，充满变化。中间的小三角形、菱形笔画要大小合度，自然优雅。写法较多，可参照所附图例与拓片。

读一读

州长、州府、名扬九州、神州赤县、骑鹤下扬州、只许州官放火不许百姓点灯。

拓展阅读

《说文解字》："州，水中可居曰州。周绕其旁，从重川。"我国上古时期把全国分为九州，有冀州、兖州、青州、徐州、扬州、荆州、豫州、梁州、雍州等，说法不一。

八声甘州
（甲骨文篆刻）

万里南游客，交州见柳条
（甲骨文书法）

我神州，称中华

陆 lù

其他读音：liù

甲骨文"陆"，左从阜，表示高，右是重叠的两"夫"，表示地形、地势有高低两阙，表示多。"坴"亦作标声。属会意字。

本义是指高低起伏不平的陆地。也表示往高跳跃、高出水面的土地等。

甲骨文"陆"字多种写法

甲骨文"陆"字拓片

甲骨文"陆"字书写时，从左往右、从上至下顺序而书。注意书写"坴"部时，上下两部分要有大小、轻重、形态等方面的变化，不要雷同。

读一读

登陆、陆续、陆军、陆战队、大陆、陆地、内陆、着陆、斑驳陆离。

陆游
（甲骨文篆刻）

拓展阅读

◆陆姓名人：陆龟蒙，唐代著名文学家；陆游，南宋著名诗人；陆羽，被誉为"茶神"，编纂世界第一部茶叶专著《茶经》。

◆陆（liù）：汉字数字"六"的大写。

古典园林绍兴沈园陆游纪念馆

西陆蝉声唱，南冠客思侵
（甲骨文书法）

齐

qí

其他读音：jì

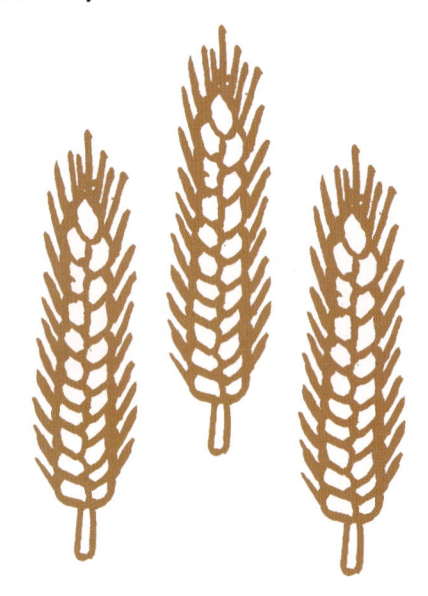

> 甲骨文"齐"，像三个或四个禾麦吐穗形，排列成整齐的样子，以三象征"多"。属象形字。
>
> 本义为禾麦吐穗整齐一致。可引申为达到、齐心、同等、整治、齐全等义。

甲骨文"齐"字多种写法

甲骨文"齐"字拓片

甲骨文"齐"书写时，先写上方一个单元，再写左右二个单元。注意无论是三个还是四个单元，每一个单元都要有变化，各具特色，不能雷同，用笔要强调提按的粗细与顿挫的力度。写法较多，可参照所附图例与拓片。

读一读

齐鲁、齐备、整齐、齐心协力、齐头并进、齐民要术、百花齐放、参差不齐。

运动会开幕式，列队整齐

拓展阅读

齐白石，绘画大师，擅画花鸟、虫鱼、山水、人物，所作鱼虾虫蟹，天趣横生，篆刻自成一家，善写诗文。代表作有《蛙声十里出山泉》《墨虾》等。

齐天大圣
（甲骨文篆刻）

齐驱并进
（甲骨文书法）

舟 zhōu

甲骨文"舟"字，像一小船形，平底、方头方尾，首尾略上翘，为省两旁位置，卜文"舟"字大多立着写，少有横式书写。"舟"可单用，也作偏旁部首。属象形字。

本义是指船。可引申为乘船、水托之物件等义。

甲骨文"舟"字多种写法

甲骨文"舟"字拓片

甲骨文"舟"字书写时，可先写外围的两长曲画，再写中间短斜画。注意用笔要有轻重、提按变化。写法较多，可参照所附图例与拓片。

读一读

舟桥、渔舟、轻舟、荡舟、放舟、泛舟、独木舟、舟车劳顿、破釜沉舟、木已成舟、逆水行舟、同舟共济、顺水推舟、渔舟唱晚、刻舟求剑、舟山群岛。

风雨同舟
（甲骨文篆刻）

拓展阅读

古代船（舟）是平底的，没有龙骨。从船舷上缘到船底把船分成不同部分的隔舱。平底船速快，载重量大，平稳，适合在河湖遍布、多浅水、多滩涂的内陆行驶。

赛龙舟

不系之舟
（甲骨文书法）

贝 bèi

甲骨文"贝"字，像张开的蛤贝形。属象形字。

本义指贝壳。可引申为蛤螺等软体动物的统称、古代货币、宝贝等义。

甲骨文"贝"字多种写法

甲骨文"贝"字拓片

甲骨文"贝"字书写时，先写左右曲画，再写中间斜画。"贝"字两边对应的曲画一般分开不连接，偶见上方有接笔相连的，要注意下方不能连接，不能与"心"字混淆。写法较多，可参照所附图例与拓片。

读一读

贝壳、贝雕、贝类、贻贝、扇贝、贝母、分贝、拷贝、贝叶、齿如齐贝。

拓展阅读

古人把"贝"当作很珍贵的饰品，后又发展为货币。"贝"可单用，也可作偏旁部首，凡与"贝"组成的字大都与钱财或贵重物有关。

宝贝
（甲骨文篆刻）

殷商铜贝币

贝联珠贯
（甲骨文书法）

殷商海贝币 　　殷商骨贝币

shǎng
赏

甲骨文"赏"字多种写法

甲骨文"赏"字拓片

甲骨文"赏"字，从商，像盛酒的器皿放在底座上面，表示用来赏赐的东西，像三足而立、有柱、有肥腹的酒器形（"商"字从辛从内），又从二日，指太阳之形。"商"与"赏"音同，假借为赏赐之"赏"。

本义指赏赐。也表示称扬、玩赏、欣赏、爱好等。

賞

甲骨文"赏"字书写时，先写"商"部笔画，注意要预留好左右两个"日"的位置。用笔要逆锋入纸，提按涩行，保持线条轻重、粗细与起伏的节律韵味。"内"部结体不要过长，可稍许宽绰一些。书写"日"部时，笔中蓄墨不能过多，用笔要灵活转动，笔随线走，接笔处要不留痕迹。

读一读

赏识、赏花、赏光、赏月、玩赏、赏罚分明、赏心悦目、赏心乐事、赏善罚恶。

拓展阅读

宋陆游《园中赏梅》："行遍茫茫禹画州，寻梅到处得闲游。春前春后百回醉，江北江南千里愁。未爱繁枝压纱帽，最怜乱点糁貂裘。一寒可贺君知否，又得幽香数日留。"

奇文共赏
（甲骨文篆刻）

赏梅

赏月
（甲骨文书法）

甲 jiǎ

甲骨文"甲"字，从口从十，十的四端不与外口相连，也有省口从十的，像古代士兵战时所穿、保护前胸后背甲片之间的"十"字缝。属象形字。

本义是指护甲。后来解释为动物身上硬壳、角质层、铠甲、天干第一位等。

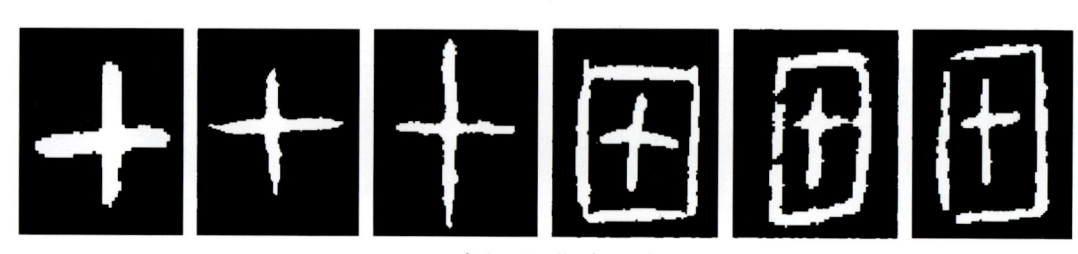

甲骨文"甲"字多种写法

甲骨文"甲"字拓片

甲

甲骨文"甲"字,书写时横、竖的起收要逆入回出。带"口"部的,可由外往里顺序而书。注意"十"部不要与"口"部相接。

读一读

甲级、甲板、甲鱼、甲子、甲壳、甲虫、指甲、装甲车、片甲不留、丢盔弃甲、解甲归田。

拓展阅读

甲子,甲子干支纪年或计算岁数时,六十组干支字轮一周,叫一个甲子。甲午战争,1894—1895 年,日本发动的并吞朝鲜侵略中国的战争。因为 1894 年是甲午年,所以称"甲午战争"。

心中唯系甲骨文
(甲骨文篆刻)

甲骨文

在家好好温习甲骨文
(甲骨文书法)

品 pǐn

甲骨文"品"字,从三口,会人多口声混杂之意。"口"部排列不一,有上一下二形式,也有上二下一形式,还有斜向倚侧之形。后定位为上一下二。凡从"品"取义的字都与口、众多、品类等义有关。属会意字。

本义指人多嘴杂、众口相和。可引申为众多、等级、官阶、物品、德行、品位、品尝等义。

甲骨文"品"字多种写法

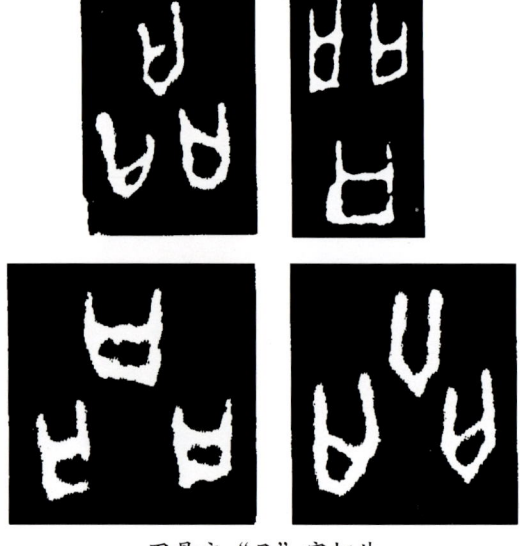

甲骨文"品"字拓片

甲骨文"品"字书写时，从上至下、从左往右顺序而书。每一个口左右两笔对应，在底部衔接封口，后写上横。注意三口要有变化与区别，不能千篇一律。用笔要逆锋入纸，回锋而收，结体要讲究端庄典雅，线条要讲究浑朴自然。

读一读

品种、品质、品牌、品格、品类、人品、品貌、品性、精品、成品、药品、展品、商品、品学兼优、七品芝麻官。

糕点甜品

拓展阅读

◆ 清袁枚《品画》："品画先神韵，论诗重性情。蛟龙生气尽，不若鼠横行。"

◆ "品"字谜面：
鼎足据一方。（打一字）

品德
（甲骨文篆刻）

心灵美好，品格端正
（甲骨文书法）

易 yì

甲骨文"易"字，像将一容器的酒倒入另一容器中之形，会更易之意，为"赐"的本字。但易、赐表义有分工，赐从贝，易声，是易加偏旁的分化字。属会意字。

本义是指更易。后来也解释为改变、交换、容易、平坦、和悦、散漫、修治、敬辞等。

甲骨文"易"字多种写法

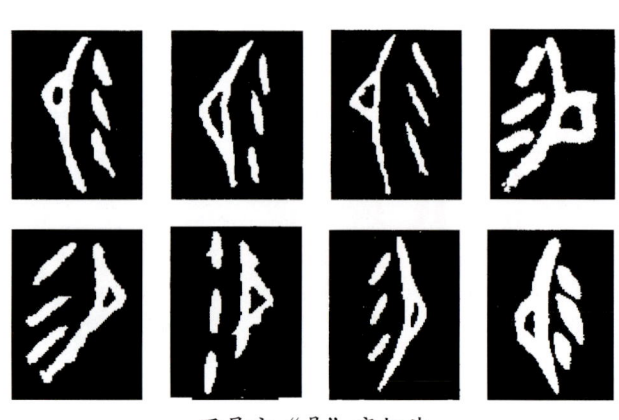

甲骨文"易"字拓片

第四级

甲骨文"易"字书写时，先写中间主长及右侧曲画，再写左侧三短画。注意要写得灵动自然、浑厚朴实。写法较多，可参照所附图例与拓片。

读一读

易位、易手、易地、贸易、轻易、平易近人、易如反掌、易守难攻、易货贸易。

拓展阅读

◆ "凡事莫容易，尽爱讨便宜。"出自唐寒山《诗三百三首·其九十八》。

◆ 歇后语：
一餐吃个大胖子——谈何容易。
纸糊的拳头——轻而易举。
放大镜看报纸——显而易见。

白居易
（甲骨文篆刻）

易拉罐，做玩具

来之不易
（甲骨文书法）

插 chā

甲骨文"插"字,从二爪,像从上向下的覆手侧视形,从丨,像下插掘土的农具或木桩一类的物件,两侧短画表示下插两分的物件与方向之意。"插"通假"臿"与"锸"。属会意字。

本义是指用手往下插。也表示农具、插锹等。

甲骨文"插"字多种写法

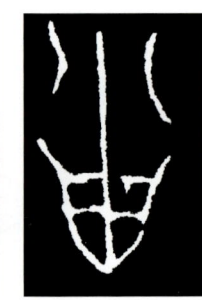

甲骨文"插"字拓片

甲骨文"插"字书写时，先写中竖，再从上至下写完两侧笔画。注意用笔的对应性与呼应性，要突出自然多姿的韵味。

读一读

插图、插曲、插手、插嘴、插话、安插、穿插、扦插、插座、见缝插针、插翅难逃、插科打诨。

拓展阅读

宋姜特立《观插秧》："插秧如插针，琐细亦良苦。分徒一夫积，终亩众力举。曾不旬日间，绿遍天涯土。周家重开国，幸勿轻农圃。"

插花
（甲骨文篆刻）

插秧

直插云天
（甲骨文书法）

shāng
商

甲骨文"商"字多种写法

甲骨文"商"字,像是古代的一种三足而立、上有两柱肥腹的酒器形。从辛,从内,下部另加的"口"形为饰符,没有表意功能。属象形字。

本义指一种酒器。也表示计议、买卖、商人、古代五音之一、商星、数学名词、古代计时工具等。

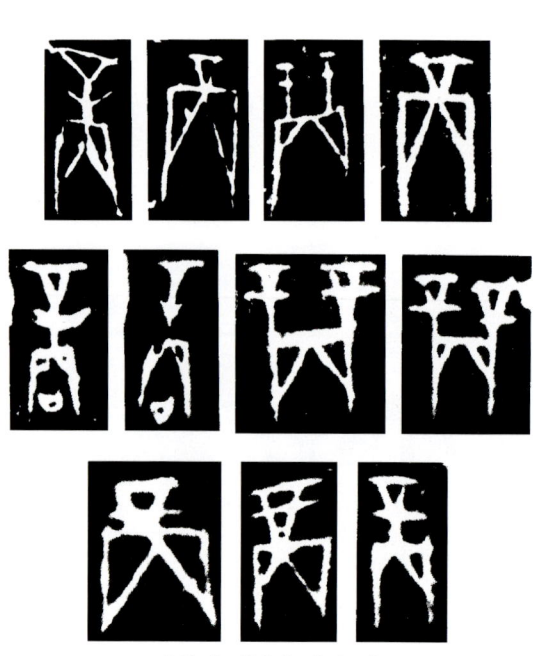

甲骨文"商"字拓片

甲骨文"商"字书写时，从上至下顺序而书。写法较多，可参照所附图例与拓片。

读一读

商标、商业、协商、商贩、商品、商议、智商、经商。

拓展阅读

◆ "巧商而善意，广见而多记。"出自东汉王充《论衡》。

◆ 歇后语：

你做生意我教书——人各有志。

◆ "商"字谜面：

立在冏上。（打一字）

琳琅满目的商品

殷商
（甲骨文篆刻）

商盘浴德，鲁鼓鸣和
（甲骨文书法）

hé
合

甲骨文"合"字,上像器盖,下部是食器器体,是器盖与器皿体相互扣合之意。"合"为"盒"之初文,"合"通"盒"字。属会意字。

本义是指扣合。也表示聚合、会合、两军始交锋、符合、匹配、仆倒、应该、整个等。

甲骨文"合"字多种写法

甲骨文"合"字拓片

甲骨文"合"字书写时，从上至下顺序而书，先写上方"亼"部笔画，再写下方"口"部笔画。注意结体与线条的大小、轻重、粗细等变化。

读一读

合力、合作、合理、合格、合适、合唱、合家欢、天作之合、合情合理、合二为一。

拓展阅读

◆ "离则复合，合则复离。"出自《吕氏春秋·大乐》。

◆ 歇后语：
合唱团里的哑巴——凑数。
合起来五句话——三言两语。

◆ "合"字谜面：
一人一口。（打一字）

天人合一
（甲骨文篆刻）

齐心合力
（甲骨文书法）

会合

尿 niào

其他读音：suī

甲骨文"尿"字，从人，像人的侧视形。前面缀加线点，像男人在撒尿。过去也借"溺"表示，通假"溺"字。属象形字。

本义为撒尿。也表示排泄、遗尿等。

甲骨文"尿"字多种写法

甲骨文"尿"字拓片

第四级

甲骨文"尿"字可正反互书,书写时先写"人"部笔画,再写代表水点的笔画。注意"尿"字水点不能写在人字后面,必须保持直线,不能分叉。

读一读

尿酸、尿素、尿肥、尿盆、尿(suī)泡、屁滚尿流。

小便亦叫撒尿

拓展阅读

尿,又称尿液或小便,人或动物体内由肾脏产生,从尿道排泄出来的液体。排出的尿液可调节机体内水和电解质的平衡以及清除代谢废物。正常人的尿液大多数为淡黄色液体。尿液检查可以揭示出许多的疾病。

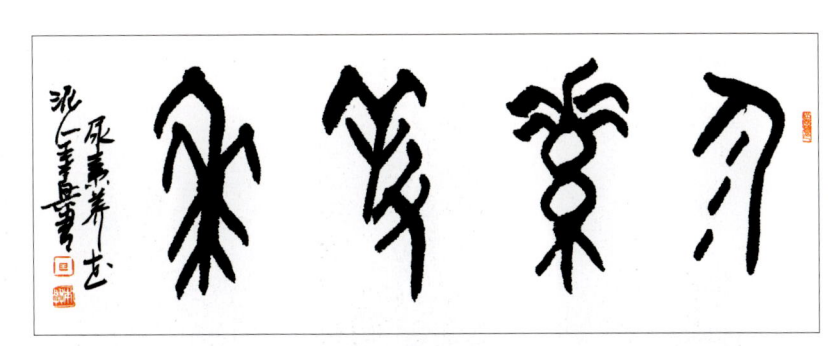

利尿
(甲骨文篆刻)

尿素养花
(甲骨文书法)

73

屎 shǐ

其他读音：xī

甲骨文"屎"字，从人，像人的侧视之形。人背后缀加三点、四点不等，表示人排泄的粪便，即屎。古文"人""尸"通用，故从尸，从人会意，尸兼表声。属会意字。

本义为拉屎。可引申为眼睛、耳朵等器官中的分泌物、动物排泄物，喻极为低劣人事、辱骂等义。

甲骨文"屎"字多种写法

甲骨文"屎"字拓片

甲骨文"屎"字书写时，先写"人"字部笔画，再写点画。注意点画不能写在人字前面，也不能写成直线状。"屎"字可正反互书。写法较多，可参照所附图例与拓片。

读一读

耳屎、眼屎、殿屎（xī）、搅屎棍、屎盆子、鼠屎污羹、占着茅坑不拉屎。

拓展阅读

宋释宗杲《颂古一百二十一首·其六十二》："夜半明星当午现，愚夫犹待晓鸡鸣。可怜自屎不知臭，又欲重新拈似人。"

狗屎不如
（甲骨文书法）

屎壳郎

屎棋
（甲骨文篆刻）

kè
克

甲骨文"克"字,像是戴盔执戈的武士之形,表示攻打、克敌制胜之意。属象形字。

本义是指持戈戴胄打胜仗。也表示克制、完成、消化、严格、限定、扣压等。

甲骨文"克"字拓片

甲骨文"克"字多种写法

甲骨文"克"字书写时,先写"口"部笔画,再从上至下写完其他笔画。写法较多,可参照所附图例与拓片。

读一读

克服、克隆、克星、千克、克扣、克敌制胜、克勤克俭、克勤于邦、克俭于家。

玩具坦克

拓展阅读

俗语相"克":

知无不言言无不尽——交浅勿言深,沉默是金。

好马不吃回头草——浪子回头金不换。

男子汉大丈夫,宁死不屈——男子汉大丈夫,能屈能伸。

无往不克
(甲骨文篆刻)

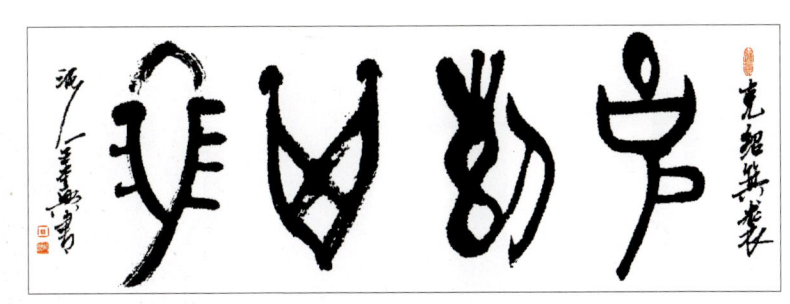

克绍箕裘
(甲骨文书法)

cǐ
此

甲骨文"此"字,从止,像人的脚趾形,从人,像人的侧视形,后讹为从匕。意为人的脚趾站立在此处之意。通假"跐"字。属会意字。

本义是指站立在此处。也表示这个、如此、乃、则等。

甲骨文"此"字多种写法

甲骨文"此"字拓片

甲骨文"此"字书写时，从左往右顺序而书。注意左右紧密配合，错落有致。

读一读

此外、此地、此致、从此、因此、此情此景、此起彼伏、此路不通、此一时彼一时、此地无银三百两。

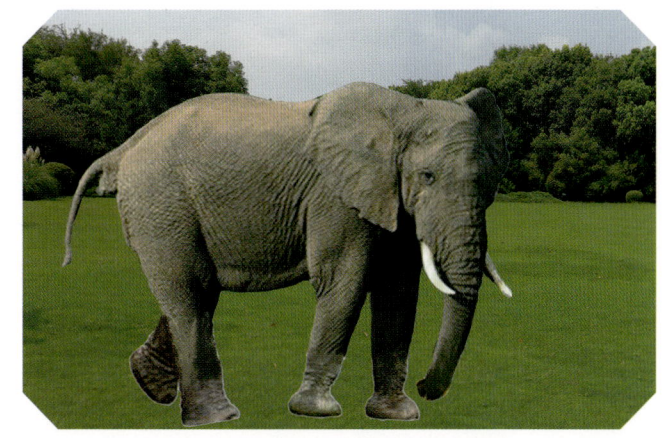

此头大象到底能有多少重量呢

拓展阅读

◆"有德此有人，有人此有土，有土此有财，有财此有用。"出自《礼记·大学》。

◆歇后语：
此地无银三百两——不打自招。
甲鱼笑龟爬——彼此彼此。

多此一举
（甲骨文篆刻）

人同此心
（甲骨文书法）

wáng
亡

甲骨文"亡"字多种写法

甲骨文"亡"字拓片

甲骨文"亡"字,与"臣"字一样像人的侧目,但"亡"字缺了"眼珠",为无眼珠的臣。是"盲"的本字。"亡"通假"盲""无"二字。属象形字。

本义是指目盲,即眼瞎。也表示失去、外出、逃亡、死亡、过去、无、盲目、无辨别力等。

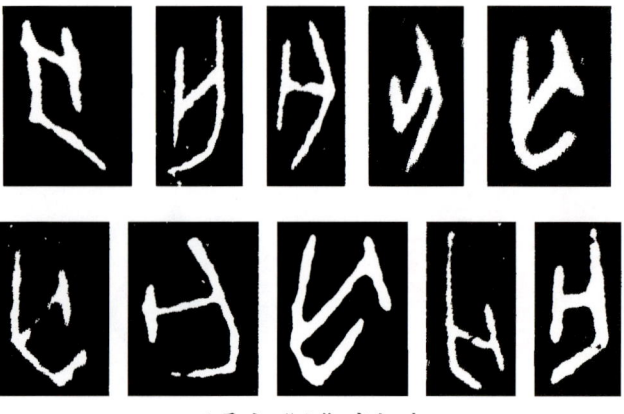

第四级

甲骨文"亡"字书写时,先写较长的主曲画,注意形态与势向。再写较短一些的竖折画,注意有的一笔写成,有的是(接笔)二笔写成。可正反互书,一字多形。写法较多,可参照所附图例与拓片。

读一读

亡国、灭亡、消亡、流亡、存亡、家破人亡、名存实亡、唇亡齿寒。

亡羊补牢

拓展阅读

◆成语"亡羊补牢",指羊逃跑了再去修补羊圈,还不算晚。比喻在受到损失之后想办法补救,免得以后再受类似的损失。出自《战国策·楚策四》:"见兔而顾犬,未为晚也;亡羊而补牢,未为迟也。"

◆歇后语:
亡羊补牢——为时未晚。

伤亡
(甲骨文篆刻)

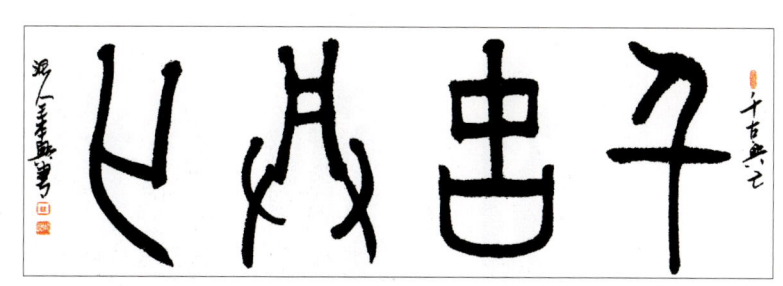

千古兴亡
(甲骨文书法)

81

室 shì

甲骨文"室"字，上从宀，像房屋之形，下从至，像一支箭落地止息状，这里兼作标声。会人所歇息的场所之意。属形声字。

本义指箭落于室内地上。可引申为家庭、房屋、妻子、机关等义。

甲骨文"室"字多种写法

甲骨文"室"字拓片

入 人 宀 㑒 𡩣 室

甲骨文"室"书写时，从上至下顺序而书，先写上面代表房屋的笔画，可写得稍宽绰一些，再写下面的"至"部笔画，注意方笔圆笔要屈伸自然，既挺拔又婉畅。

读一读

教室、卧室、室友、办公室、十室九空、登堂入室。

同学们在教室里认真听讲

拓展阅读

古屋内有隔墙，前为堂，堂后称室，两侧叫房。成语"登堂入室"，指登入厅堂又进入内室，比喻学问由浅入深。女子有夫叫"有家"，男子娶妻叫"有室"，"家室"指家庭（有时专指妻子）。

一室之邑而好学，
三人同行我得师
（甲骨文篆刻）

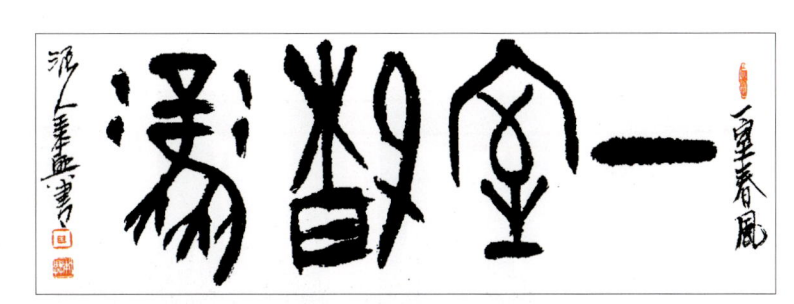

一室春风
（甲骨文书法）

ér
而

甲骨文"而"字,像是颔下所长出的须毛之形。属象形字。

本义是指颔下胡须。后来也解释为好像、就是、你、才、并列等。颊指脸面的两侧,颔即颏,指脸面最下部分,即下巴。古代以青年人长出胡须表示人生转折、步入成人之列。"而"多数用为连词,表示并列、递进、承接、转折、假设、修饰等关系。

甲骨文"而"字多种写法

甲骨文"而"字拓片

甲骨文"而"字书写时，从上至下、从左往右顺序而书。注意代表胡须的曲画要写得灵动自然，保持长短、粗细、势向等不同的线条质感与优美形态。

读一读

而且、而今、而已、从而、然而、而是、而立之年、自然而然、望而却步、喜极而泣、恭而敬之。

拓展阅读

成语"人而无信，不知其可"，意思是一个人如果不讲信用，真不知道他是否可以（做成事），即人不讲信用，是不行的。出自《论语·为政》："人而无信，不知其可也。大车无輗，小车无軏，其何以行之哉？"

出淤泥而不染（雕刻）

敏而好学
（甲骨文篆刻）

量力而行
（甲骨文书法）

页 yè

甲骨文"页"字，像一个突出了头部的人形，上为头和头发，下为人身跪坐形，以人身映衬头部的特点，表示人的头颅。"页"与"首"同义。属象形字。

本义为头。也表示书页等。

甲骨文"页"字多种写法

甲骨文"页"字拓片

甲骨文"页"字书写时，先写头部笔画，凹凸的框架要大气、自然、拙朴，后写头部内外代表眼睛与头发的笔画。写跪的"人"部笔画时，要注意动势与形态，强调用笔的粗细与顿挫。写法较多，可参照所附图例与拓片。

读一读

页面、页码、页心、插页、页岩、活页、扉页。

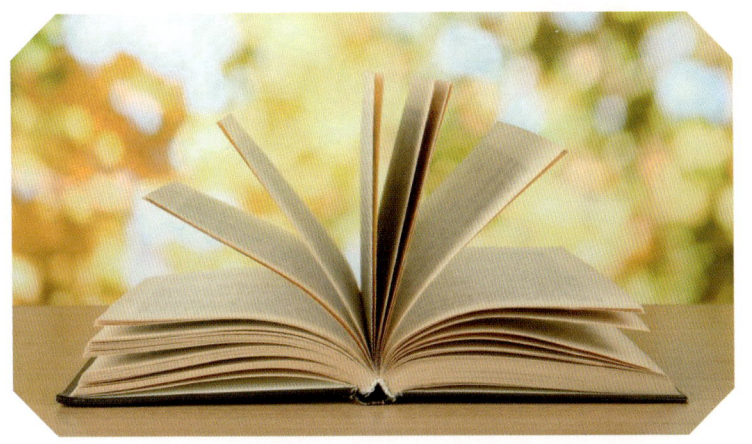

一本图书，翻开新的一页，你会看到不同的世界

拓展阅读

页岩，是一种沉积岩，由黏土沉积经压力和温度形成岩石。

页岩油，是指页岩层系中所含的石油资源。

页岩气，是蕴藏于页岩层可供开采的天然气资源。天然气主要用于居民燃气、城市供热、发电、汽车燃料和化工生产等。

网页
（甲骨文篆刻）

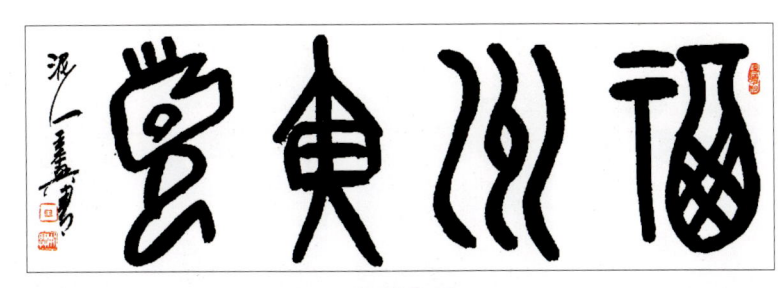

福州黄页
（甲骨文书法）

chéng
城

甲骨文"城"字即"郭",中间方口,表示城围,上下(有的加左右)有城楼相对峙。"城"通"郭"与"墉"字。属象形会意字。

本义指城墙。也表示城墙以内的地方、城市、大型营业性场所等。

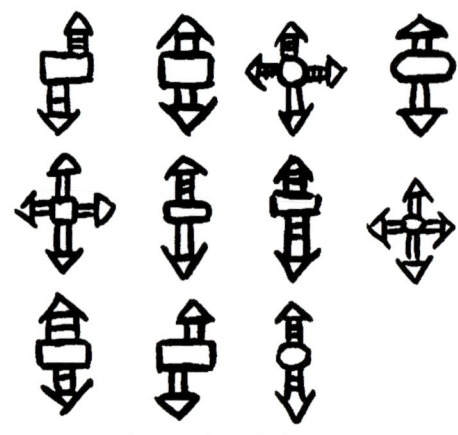

甲骨文"城"字多种写法

甲骨文"城"字拓片

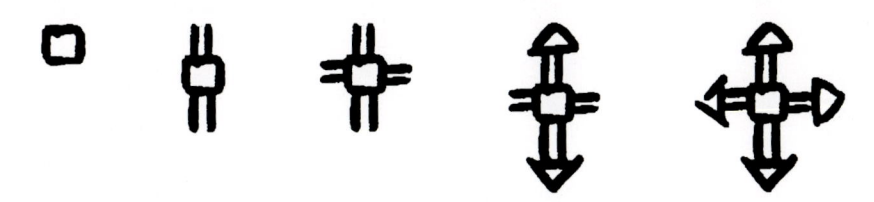

甲骨文"城"字书写时，先写中间方口部，再从上始逆时针方向写上下左右的短竖短横画，次写"今"头笔画。注意结体要端庄匀称，上下、左右要呼应，形态与线条都要有变化与质感。写法较多，可参照所附图例与拓片。

读一读

城堡、城镇、城市、城楼、城府、城墙、都城、城下之盟、价值连城、攻城略地、满城风雨。

卧游画海，坐拥书城
（甲骨文篆刻）

拓展阅读

◆古代"郭"与"城"含义有别，"郭"指外城，"城"指内城，"城郭"连用泛指城市。

◆歇后语：
城墙上的草——风吹两边倒。

◆"城"字谜面：
一来就成王。（打一字）

长城

我来竟何事，高卧沙丘城
（甲骨文书法）

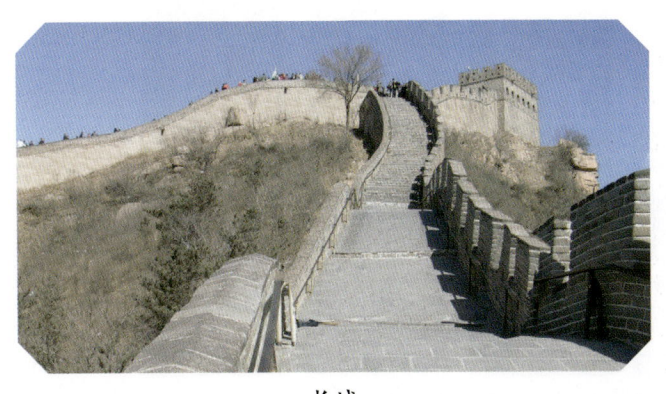

jì
既

甲骨文"既"字，左右构型，从皂，像古代食器形，从旡，像人跪坐掉头欲去之形。会人在食器前已吃完转过头欲离去之意。属会意字。

本义指食毕。也表示已经、停止、失掉、不久后等。

甲骨文"既"字多种写法

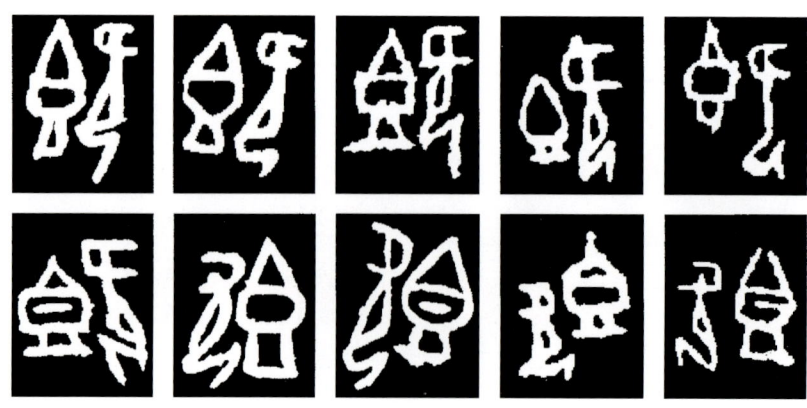

甲骨文"既"字拓片

甲骨文"既"字书写时，从左往右、从上至下顺序而书。注意"旡"部笔画像人一样作跪踞之状，正反可书，但"口"的方向必须朝向背后，而不能朝向身前，以免写错。写法较多，可参照所附图例与拓片。

读一读

既然、既往、既而、既定、既成事实，一言既出驷马难追，既来之则安之。

河水既不像老牛说的那样浅，也不像松鼠说的那么深

拓展阅读

既望，通常指农历每月十六日。一月内有些天有特定的称呼，通常农历每月十五日称"望日"，十六日称"既望"。

既得利益
（甲骨文篆刻）

一如既往
（甲骨文书法）

jìng

竟

甲骨文"竟"字，下从人，上部像口吹乐器之状。属会意字。

本义为吹奏乐曲终止。可引申为完结、终了、究竟、终于等义。

甲骨文"竟"字多种写法

甲骨文"竟"字拓片

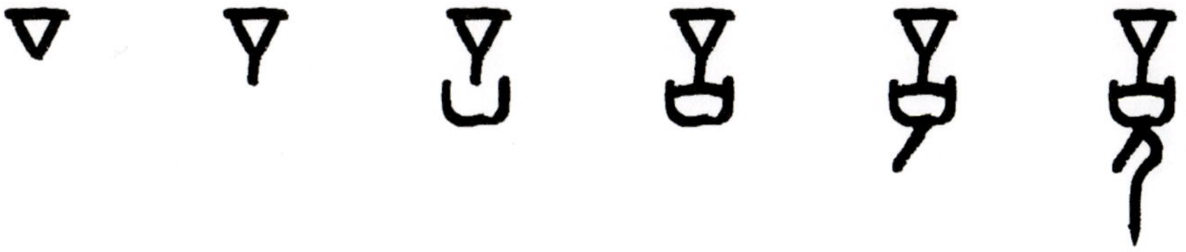

甲骨文"竟"字书写时，从上至下顺序而书。注意上方部首不宜过于宽大，上下之间配合协调，端庄平稳。用笔要逆锋入纸，收笔要回锋或提锋而收。

读一读

竟然、竟敢、竟直、毕竟、竟日、未竟、究竟、有志者事竟成。

拓展阅读

◆"入竟而问禁，入国而问俗。"出自《礼记·曲礼上》。

◆"歌竟长叹息，持此感人多。"出自《拟古·其七》。

◆竟陵八友，指南朝八位著名文学家，包括萧衍、沈约、谢朓、王融、萧琛、范云、任昉、陆倕。

竟陵八友
（甲骨文篆刻）

毕竟西湖六月中，风光不与四时同

未竟之事
（甲骨文书法）

妹 mèi

甲骨文"妹"字,从未或从木,甲骨文字"木""未"相通,像枝叶形,为声符,从女,像一跪着的女子之形,表示女性的辈分之意。属形声字。

本义是指后生之女。可引申为少女、女子、辈分小的女孩等义。

甲骨文"妹"字多种写法

甲骨文"妹"字拓片

第四级

甲骨文"妹"字书写时，从左往右、从上至下顺序而书。注意"未"部一般要比"女"部写得短小一些。写法较多，可参照所附图例与拓片。

读一读

妹子、妹夫、兄妹、妹妹、姐妹、表妹、兄弟姐妹。

拓展阅读

唐白居易《除夜寄弟妹》："感时思弟妹，不寐百忧生。万里经年别，孤灯此夜情。病容非旧日，归思逼新正。早晚重欢会，羁离各长成。"

妈妈陪伴妹妹游玩

青溪小妹
（甲骨文篆刻）

学妹有成
（甲骨文书法）

95

鸣 míng

甲骨文"鸣"字，左右结构，一边为有冠公鸡之形，一边从口，为公鸡鸣叫之意。属会意字。

本义是指公鸡鸣叫。可引申为禽鸟鸣叫、昆虫叫、声响、表露、鸟语花香等义。

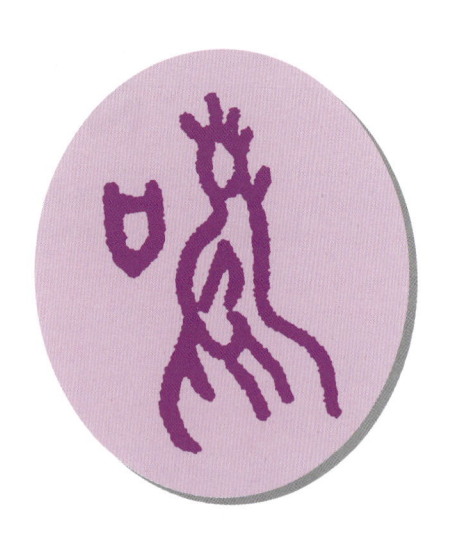

甲骨文"鸣"字多种写法

甲骨文"鸣"字拓片

甲骨文"鸣"字书写时，先写鸡的部首，从头部起笔，再写出下方的主曲画，最后写"口"部。注意鸡部嘴的笔画，都要写成开口张嘴之状，形态要生动多姿，"口"部写在鸡首或鸡嘴之下，且不要写得过于宽大。

读一读

共鸣、嘶鸣、鸣炮、鸣谢、鸣锣开道、鸣冤叫屈、鸣金收兵。

拓展阅读

◆"挥手自兹去，萧萧班马鸣。"出自唐李白《送友人》。

◆歇后语：
瞎子撞鸣钟——碰对了。

两个黄鹂鸣翠柳，一行白鹭上青天

百家争鸣
（甲骨文篆刻）

钟鼓齐鸣
（甲骨文书法）

户 hù

甲骨文"户"字,像是一个单扇门形。古时一扉叫户,二扉叫门。属象形字。

本义是指单扇门。可引申为门、人家、住户、洞穴、从事某职业的人等义。

甲骨文"户"字多种写法

甲骨文"户"字拓片

甲骨文"户"字书写时，先写长竖画，注意要写得粗壮有力，刚健挺拔；再写旁边的折画与横画，注意用笔的方圆与起止，强调线条的变化与质感。写法较多，可参照所附图例与拓片。

读一读

户口、户籍、门户、入户、账户、用户、户枢不蠹、门当户对。

拓展阅读

◆宋王安石《元日》："爆竹声中一岁除，春风送暖入屠苏。千门万户曈曈日，总把新桃换旧符。"

◆歇后语：
除夕家家户户包饺子——无所不包。
窗户上画老虎——吓不了谁。

窗户

柴门草户
（甲骨文篆刻）

万门千户
（甲骨文书法）

yǒng
永

甲骨文"永"字，从卜，像河流分支、分叉之形，从彳，像水道河岸之形。为河道水流绵长、流远之意。属会意字。

本义是指河道水流绵长。可引申为水延伸状、永久、意味深远、长声调等义。

甲骨文"永"字多种写法

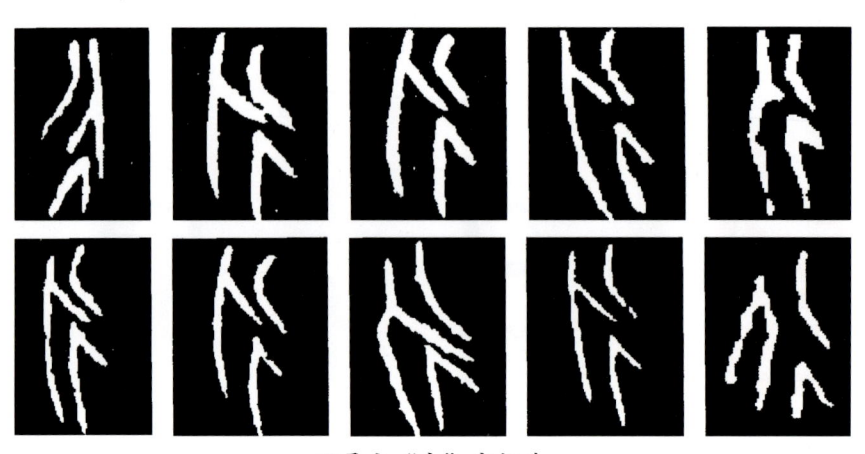

甲骨文"永"字拓片

甲骨文"永"字书写时从上至下，先写长曲画，再写与之衔接的斜画，最后写完其他笔画。写法较多，可参照所附图例及拓片。

读一读

永远、永恒、永存、永续、永别、永葆青春、永无止境、永垂青史、永世长存。

拓展阅读

中国书法用笔法则"永字八法"，相传为东晋王羲之所创。以"永"字八笔顺序为例，阐述正楷笔势的书写方法，分别是：点为侧，横为勒，直为努，钩为趯，仰横为策，长撇为掠，短撇为啄，捺笔为磔。

北斗七星永远高挂在北方的天空

永不分离
（甲骨文篆刻）

长乐永安
（甲骨文书法）

háng
航

甲骨文"航"字,上下构型,上面是一个人形,有侧视、正视之别,义同,都作手持竹篙状,下面从舟,像一只船形。两形会意,表示人在撑篙驾船航行。属会意字。

本义指驾船航行。可引申为航行、航天、航标等义。

甲骨文"航"字多种写法

甲骨文"航"字拓片

第四级

甲骨文"航"字书写时，从上至下、从左往右顺序而书，先写"人"部笔画，再写"舟"部笔画。注意上下两部分要紧密配合，动静结合，方圆相宜。用笔逆锋入纸，收笔可提收、顺收，讲究变化。行笔要淹留涩进，使线条充满力度与金石气息。

读一读

航空、航海、航道、启航、航运、航线、航船、巡航、返航、领航、导航、航向。

拓展阅读

◆明朝时期，中国伟大的航海家郑和，率领船队先后七次下西洋，途经东南亚、印度洋、非洲等地，足迹踏遍了30多个国家和地区，最远抵达了红海和非洲东海岸，开辟了由太平洋西部到印度洋等大洋的直达航线。这是中国古代航海史上世界性的盛举。

◆航空母舰，作为海军飞机海上活动基地的大型军舰，通常与若干舰——巡洋舰、驱逐舰、护卫舰等编成航空母舰编队，远离海岸机动作战。简称航母。

宇航员在太空舱内工作

航天
（甲骨文篆刻）

一叶可航
（甲骨文书法）

103

bó
博

甲骨文"博"字,从甫,像田野里长出的禾苗之状,这里兼作表声;从手,像手之形,有一手或二手的,义无别。两形会意,表示以手抚摸禾苗之意。"博"通假"搏""尃""敷"等字。属形声字。

本义指手抚禾苗。也表示很多、宽广、丰富等。

甲骨文"博"字多种写法

甲骨文"博"字拓片

甲骨文"博"字书写时，先写"甫"部的笔画，再写"又"部的笔画，两者之间要错落有致，顾盼呼应，线条充满粗细、轻重等变化。

读一读

博士、博爱、广博、宏博、博览会、博大精深、博学多才、博闻强记。

故宫博物院

拓展阅读

◆ "吾尝跂而望矣，不如登高之博见也。"出自《劝学》。

◆ 谚语：博采众长，自成一体。

博古兴邦
（甲骨文篆刻）

博古通今
（甲骨文书法）

汉字从哪里来——从甲骨文说起

育

yù

其他读音：yō

甲骨文"育"字多种写法

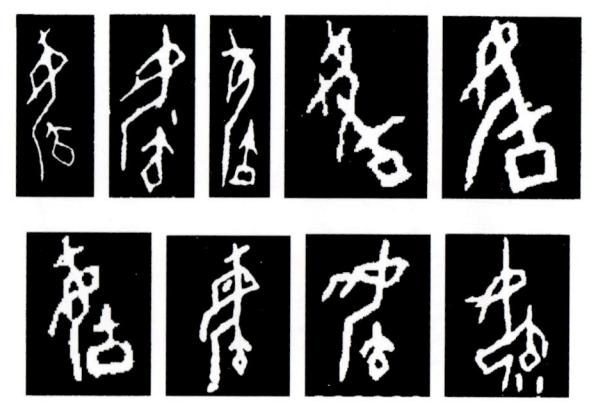

甲骨文"育"字拓片

甲骨文"育"字，上下结构，上从女，下从头朝下的孩子，上面是一个母亲的形象，在其身下有一个头朝下刚分娩出的孩子，下面、侧面的点画是生孩子时的羊水。"育"可通假"毓""后"（"后"指"帝后"）等字。属会意字。

本义是指生育。可引申为生养、养育、孕育、产生、教育、培育等义。

甲骨文"育"字书写时，从上至下顺序而书，注意结体大小、线条质感等。写法较多，可参照所附图例与拓片。

读一读

抚育、育才、生育、养育、哺育、发育、体育、杭育（yō）、教书育人、生儿育女。

封山育林
（甲骨文篆刻）

拓展阅读

◆ 宋俞桂《即事》："吹落杨花春事了，小池新绿雨添痕。育蚕时节寒犹在，村落人家半掩门。"

◆ "育"字谜面：
亭台高处赏明月。（打一字）
孤星伴月一抹云。（打一字）
月上有云。（打一字）

体育馆

名言孕异梦，书声育童心
（甲骨文书法）

夫 fū

其他读音：fú

甲骨文"夫"字，从大，像一个正面站立的人形，从一，即"大"字上加一横，像是头发上插一根簪子形。古时儿童披发，以簪束发，表示已长大成人。古人认为童高五尺，成人则高一丈，故称"丈夫"。属象形字。

本义指成年男子。可引申为女子配偶、从事某种体力劳动的人等义。常作代词表指示、人称，也作语气词表感叹等。

甲骨文"夫"字多种写法

甲骨文"夫"字拓片

甲骨文"夫"字书写时，先写上横，再写"人"部，后写左右短斜。注意左右对称，结体要端庄匀称，气局要宽绰疏朗。

读一读

夫妻、大夫、夫人、功夫、懦夫、夫子庙、夫唱妇随。

南京夫子庙

拓展阅读

◆唐李绅《悯农·其一》："春种一粒粟，秋收万颗子。四海无闲田，农夫犹饿死。"

◆清赵翼《论诗》："少时学语苦难圆，只道工夫半未全。到老始知非力取，三分人事七分天。"

◆歇后语：
中国的功夫——名不虚传。
太极拳的功夫——柔中有刚。

功夫不负有心人
（甲骨文篆刻）

田夫野老
（甲骨文书法）

父 fù

其他读音：fǔ

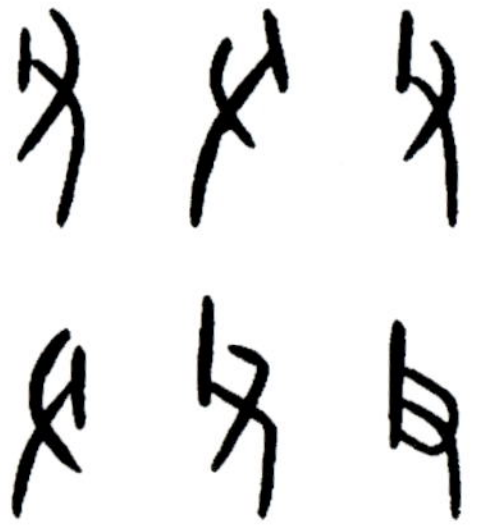

甲骨文"父"字多种写法

甲骨文"父"字，像是手持原始石斧形，或手持斧钺形，以斧、钺象征父的权威，如同"王"以钺象征王的威权力一样。又说像右手持棒之形，举棍棒教育子女，即为一家之父。属象形兼会意字。

本义是指手持工具。后来也解释为男性长辈及老人的统称、兵器等。

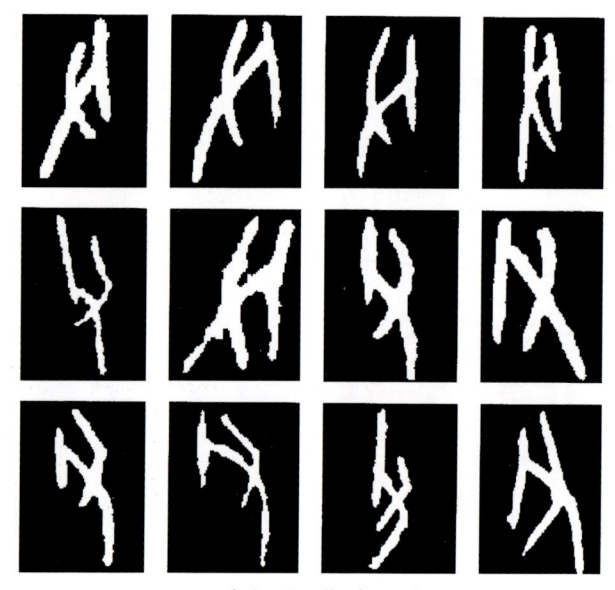

甲骨文"父"字拓片

甲骨文"父"字书写时，先写代表手的"又"部，再写竖画。注意衔接及上下间距，线条要有拙涩老辣感。

读一读

父母、父辈、父亲、祖父、严父慈母、父老乡亲、知子莫若父、子承父业、父慈子孝。

拓展阅读

成语"一日为师，终身为父"，出自清代诗人罗振玉的《鸣沙石室佚书·太公家教》："弟子事师，敬同于父，习其道也，学其言语。……忠臣无境外之交，弟子有束修之好。一日为师，终身为父。"

父子俩其乐融融

父心
（甲骨文篆刻）

夸父逐日
（甲骨文书法）

挺 tǐng

甲骨文字"挺"通"壬",合体构型,上部像人侧立之形,下方像地面上一个土堆。为人站立在土堆之上,表示高昂挺拔之意。属会意字。

本义为挺拔。可引申为挺直、举起、顶住、突出等义。

甲骨文"挺"字多种写法

甲骨文"挺"字拓片

甲骨文"挺"字书写时，从上至下顺序而书。写法较多，可参照所附图例与拓片。

读一读

挺进、挺立、坚挺、挺举、笔挺、昂首挺胸、铤而走险。

拓展阅读

◆宋任希夷《竹》："挺挺霜中节，沉沉日下阴。试裁苍玉管，吹作紫鸾音。"

◆歇后语：
吕布挺矛——有勇无谋。
大肚子踩钢丝——铤（挺）而走险。

挺拔

挺身而出
（甲骨文篆刻）

昂首挺立
（甲骨文书法）

集 jí

甲骨文"集"字,从隹,表示天空的飞鸟,从木,表示地面上的树林。为飞鸟栖息于树枝上之意。后来略繁化,变成从雥(三鸟),表示群鸟聚集状。今汉字简化规范写作"集"为正体。甲骨文"集"通"辑"字。属象形会意字。

本义指群鸟栖息在树枝上。可引申为停留、聚集、集市等义。

甲骨文"集"字多种写法

甲骨文"集"字拓片

甲骨文"集"字书写时,先写上部的"隹",注意要灵动活泼,屈伸自然;再写下部的"木",注意竖画与斜画的互相配合。

读一读

集团、集中、集邮、集镇、集锦、集体、赶集、集合、集腋成裘、悲喜交集。

拓展阅读

◆ "集贤自笑文章少,为郡谁言乐事多。"出自宋曾巩《戏书》。

◆ "集中什九从军乐,亘古男儿一放翁。"出自清梁启超《读陆放翁集·其一》。

◆ 歇后语:
集市上买东西——挑挑拣拣。
赶集走亲戚——顺路的事。

集百家言
(甲骨文篆刻)

集会

集思广益
(甲骨文书法)

yú
于

甲骨文"于"字，左边像一种吹奏性的乐器，右边把"于"包套其中，象征着婉转悠扬乐声。"于"通"竽"字。属象形字。

本义是指吹竽时乐音婉转悠扬之状，表示迂回曲折。也作疑问语气词、在、对、到等。

甲骨文"于"字多种写法

甲骨文"于"字拓片

一 丁 于 于 于 亏 亏

甲骨文"于"字书写时，先写上横画，二写斜竖画，三写短横，最后写包套部分的笔画。注意二横之间的距离要留得稍微大一些。写法较多，可参照所附图例与拓片。

读一读

于是、于今、终于、等于、于事无补、于心不忍、急于求成、言归于好、难于上青天。

游于艺
（甲骨文篆刻）

拓展阅读

◆唐杜牧《山行》："远上寒山石径斜，白云生处有人家。停车坐爱枫林晚，霜叶红于二月花。"

◆歇后语：

青出于蓝而胜于蓝——后来居上。

竹虫咬断竹根——同归于尽。

青蛙终于在泥塘边卖起了泥塘

于今为烈
（甲骨文书法）

尽 jìn

其他读音：jǐn

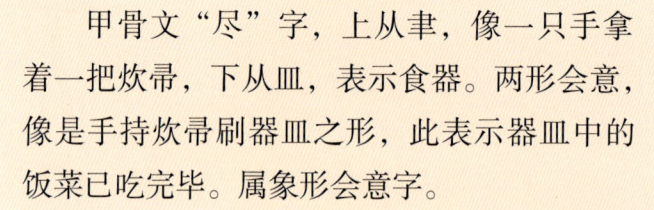

甲骨文"尽"字，上从聿，像一只手拿着一把炊帚，下从皿，表示食器。两形会意，像是手持炊帚刷器皿之形，此表示器皿中的饭菜已吃完毕。属象形会意字。

秦朝之后在聿下加了四点，表示手抓棍棒拨火，表示灰烬，写作"盡"。今汉字简化规范写作"尽"为正体。

本义为洗涤器皿。后来也解释为用完、全、达到极点、任凭、最先等。

甲骨文"尽"字多种写法

甲骨文"尽"字拓片

甲骨文"尽"字书写时，应先写器皿主曲画，左右对写，在底部封口衔接，再写"聿"部及其他笔画。

读一读

尽职、尽（jǐn）快、尽（jǐn，也作jìn）量、尽（jǐn）管、尽（jǐn）早、尽释前嫌、尽力而为、尽忠报国、尽心尽意、同归于尽。

拓展阅读

◆"尽日问花花不语，为谁零落为谁开。"出自唐严恽《落花》。

◆歇后语：

灯尽油干——玩完。

春蚕到死丝方尽——满腹经纶。

走进大自然，品尽物之美

春蚕至死丝方尽
（甲骨文篆刻）

尽善尽美
（甲骨文书法）

何

hè

其他读音：hé

甲骨文"何"字，"荷"之初文，像人在肩上扛一戈形，表示负荷之意。有加一"口"的，用以表示呼喊、助劳。甲骨文"何"字通假"尤""菏""担"字。属会意字。

本义是荷戈。可引申为承受、负荷等义。借用为何（hé），表示疑问。

甲骨文"何"字多种写法

甲骨文"何"字拓片

第四级

甲骨文"何"字书写时，先写肩上负荷之戈形，再写曲画，最后写代表手的弯画。"何"字可正反互书。写法较多，可参照所附图例与拓片。

读一读

何时、何处、何必、何况、何苦、何妨、何尝、如何、为何、奈何、何足挂齿、何必当初、谈何容易、何去何从。

一夫荷戟，千人莫当

拓展阅读

◆宋王安石《泊船瓜洲》："京口瓜洲一水间，钟山只隔数重山。春风又绿江南岸，明月何时照我还？"

◆五代李煜《虞美人·春花秋月何时了》："春花秋月何时了？往事知多少。小楼昨夜又东风，故国不堪回首月明中。雕栏玉砌应犹在，只是朱颜改。问君能有几多愁？恰似一江春水向东流。"

何乐不为
（甲骨文篆刻）

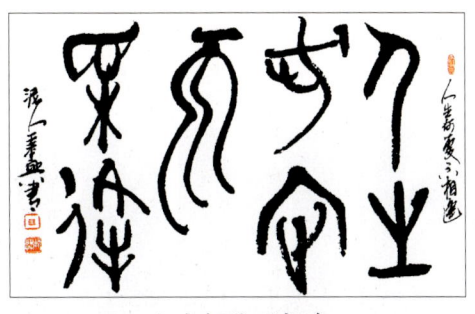

人生何处不相逢
（甲骨文书法）

扫 sǎo

其他读音：sào

甲骨文"扫"字，从帚，从又，会意为"掃"。"掃"是帚的后起字，为了分化字义，后来加"又"部，"又"部改从提手旁（手），从帚。属会意字。

本义为用笤帚除尘扫地。可引申为清除、征讨等义。

甲骨文"扫"字多种写法

甲骨文"扫"字拓片

甲骨文"扫"字书写时，先写"帚"部，注意斜笔的势向与笔画间的距离，字形可写得稍微长一些；再写"又"部笔画，注意与"帚"部的呼应协调，字形可写得稍微短小一些。有点画的最后写，结体、线条要写得灵动而有生气。

读一读

扫兴、扫荡、打扫、扫尘、扫射、扫除、扫视、扫（sào）把、扫（sào）帚、扫恶务尽、一扫而空、斯文扫地、横扫千军、秋风扫落叶。

拓展阅读

◆ "花径不曾缘客扫，蓬门今始为君开。"出自唐杜甫《客至》。

◆ "扫"字谜面：
一手搬倒一座山。（打一字）

家有蔽帚，享之千金
（甲骨文书法）

扫帚、扫地

扫雪
（甲骨文篆刻）

nán
男

甲骨文"男"字，从田，从耒（犁），借以耒耕田，表示男子之意，因为古时候男子主事农耕。属会意字。

本义是指男子。可引申为儿子、爵位第五、男人等义。

甲骨文"男"字多种写法

甲骨文"男"字拓片

口 日 田 田 田

甲骨文"男"字书写时，先写"田"部，再写"力"部。注意两者要协调配合，结体要端庄和谐、大小适宜，线条要有轻重、粗细变化。

读一读

男性、男丁、男婚女嫁、男耕女织、红男绿女、男儿膝下有黄金、男儿有泪不轻弹。

拓展阅读

◆ "三更灯火五更鸡，正是男儿读书时。"出自唐颜真卿《劝学诗》。

◆ "男儿不展风云志，空负天生八尺躯。"出自《警世通言·卷四十》。

◆ "男"字谜面：
上边留一半，下边加一半。（打一字）

男同学
（甲骨文篆刻）

踢足球的小男孩

男女老少
（甲骨文书法）

祖 zǔ

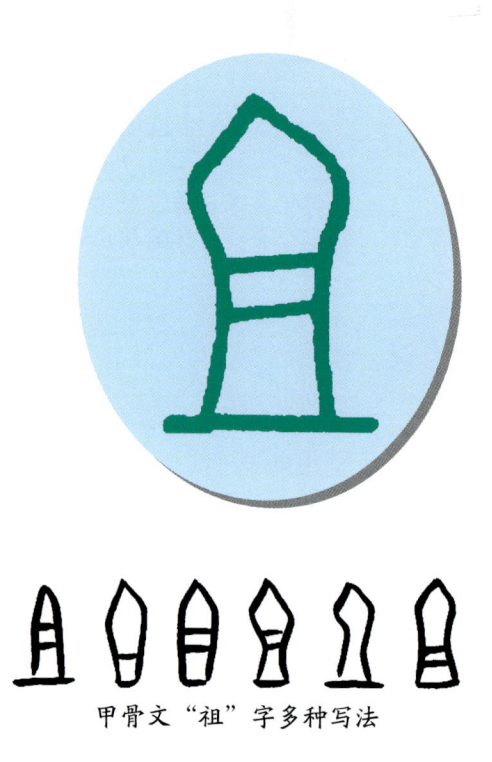

甲骨文"祖"字多种写法

甲骨文"祖"字，通"且"。独体构型，像盛肉的俎，本为断木，用作切肉之荐，后世谓之"梡俎"，殷商则作祭神、祭祖时载肉的礼器，以表祭祀祖先。后代的灵牌、墓碑都借"且"的遗形。属象形字。

本义是指盛肉的俎。后来也表示为宗庙、祖师、开始、沿袭等义。

甲骨文"祖"字拓片

第四级

甲骨文"祖"字书写时,先写左右对应的折画,再写中间的短横画。写法较多,可参照所附图例与拓片。

读一读

祖先、祖辈、始祖、祖籍、祖父母、祖祖辈辈、开山之祖、祖传秘方、认祖归宗、光宗耀祖、万物之祖。

祖国万岁
(甲骨文篆刻)

拓展阅读

◆成语"数典忘祖",比喻忘了事物的原本、根由。现在也比喻忘本或对于本国历史的无知。出自《左传·昭公十五年》:"籍父其无后乎?数典而忘其祖。"

◆歇后语:
骂了皇帝骂祖先——不忠不孝。

欢度国庆,祝福祖国

祖国是我家
(甲骨文书法)

127

nǚ
女

甲骨文"女"字,像是一女子屈膝交手跪坐之形。属象形字。

本义是指未出嫁的女子。可引申为女性的、女儿等义。

甲骨文"女"字多种写法

甲骨文"女"字拓片

甲骨文"女"字书写时，先写两个相合相交的长曲画，再写短曲画，最后写表示屈膝跪坐之形的笔画。一字多形，可正反互书。写法较多，可参见所附图例与拓片。

读一读

女人、妇女、少女、侄女、卖儿鬻女、儿女情长、男耕女织、男女有别、窈窕淑女、郎才女貌。

拓展阅读

◆"杨家有女初长成，养在深闺人未识。"出自唐白居易《长恨歌》。

◆"窈窕淑女，君子好逑。"出自《诗经·关雎》。

◆歇后语：
女子走钢丝——胆大心细。

溜冰的女孩

邻女夜春寒
（甲骨文篆刻）

天女散花
（甲骨文书法）

mǔ
母

甲骨文"母"字多种写法

甲骨文"母"字拓片

甲骨文"母"字，像一女柔顺地交臂跪坐之形，并在"女"部空白处加两点，表示女子乳房或奶水，这是母亲哺育孩子的主要特征。属象形字。

本义指母亲，还表示某种有抚养关系的女性长辈。可引申为家族、雌性、繁衍的事物等义。

甲骨文"母"字书写时，先写交叉短曲画，再写中间的长曲画，最后书写点画。可正反互书。写法较多，可参照所附图例与拓片。

读一读

母子、舅母、伯母、母语、字母、慈母、分母、衣食父母、母慈子孝、母仪天下、儿行千里母担忧、失败乃成功之母。

母校
（甲骨文篆刻）

拓展阅读

母亲是伟大的，母亲给予子女的是无私的母爱，故俗语中有"子不嫌母丑"。我们把读过书的学校称为母校，是因为母校用知识的乳汁培养了我们。

母亲河
（甲骨文书法）

母爱

yóu
由

甲骨文"由"字,下从口,像器皿之口形,上从一小圆圈,表示一滴油液,指向器皿内注油液之意。属象形字。

本义指油液滴入器皿内。后来解释为凭借、原因、经由、遵从、听凭、自、从等。

甲骨文"由"字多种写法

甲骨文"由"字拓片

甲骨文"由"字书写时，由下而上，先写下方"口"部，可写得稍宽绰一些，再写上方小圆画，可写得稍长一些。注意上下结体顾盼呼应，比例协调，起伏变化要恰到好处，线条要写得朴拙而充满力度。

读一读

由于、由来、由衷、理由、原由、由此可见、由此及彼、由表及里、由浅入深。

拓展阅读

◆"视其所以，观其所由。"出自《论语·为政》。

◆歇后语：
自由市场的买卖——讨价还价。

万物在自由生长

不由自主
（甲骨文篆刻）

自由自在
（甲骨文书法）

公 gōng

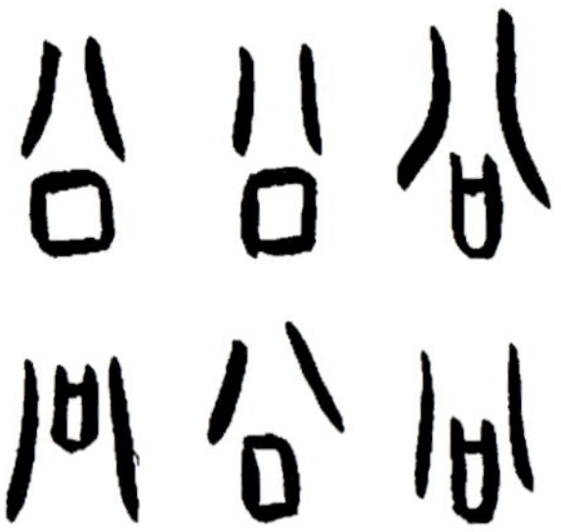

甲骨文"公"字多种写法

甲骨文"公"字，下部从口，表示装东西的器皿，上面从八，表示平分器皿中的东西。两形会意，表示公平分配器皿中东西之意。属会意字。

本义是指平分。后来也解释为公然、共同、公家、男子尊称、尊长、古爵位名、雄性动物等。

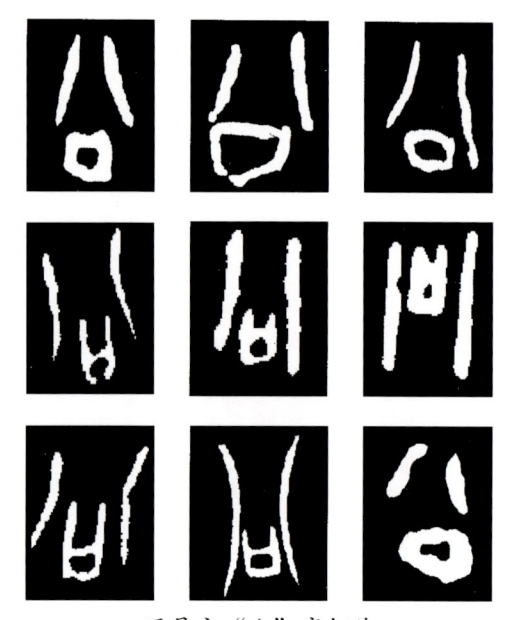

甲骨文"公"字拓片

第四级

丿 八 仈 公 公

甲骨文"公"字书写时，从上至下，先写"八"部笔画，再写"口"部笔画。

读一读

公里、公司、公共、公平、公告、公开、公民、公证、公私分明、公之于众、公事公办、天下为公。

拓展阅读

◆清龚自珍《己亥杂诗》："九州生气恃风雷，万马齐喑究可哀。我劝天公重抖擞，不拘一格降人才。"

◆唐李华《奉寄彭城公》："公子三千客，人人愿报恩。应怜抱关者，贫病老夷门。"

公园

公安厅
（甲骨文篆刻）

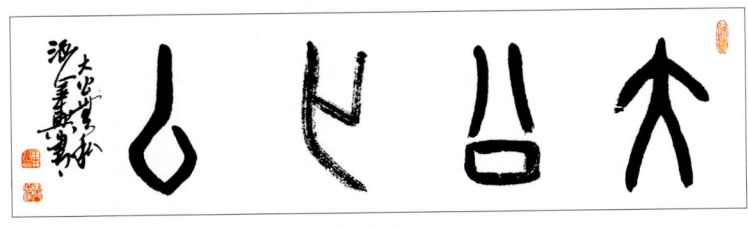

大公无私
（甲骨文书法）

135

炎 yán

甲骨文"炎"字，从二火，火上有火，表示燃烧很旺盛的火焰猛烈冲腾而起之意。属会意字。

本义是指大火。可引申为火苗升腾、焚烧、极热、旺盛、炎症等义。

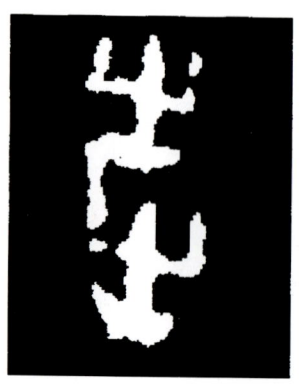

甲骨文"炎"字多种写法

甲骨文"炎"字拓片

甲骨文"炎"字书写时，从上至下，先写竖、曲画，最后写点画。

读一读

炎热、炎帝、发炎、炎黄子孙、炎炎烈日、趋炎附势、世态炎凉。

炎炎烈火

拓展阅读

◆ "火炎昆冈，玉石俱焚。"出自《尚书·胤征》。

◆ "今时复旱，如炎如焚。"出自《后汉书·章帝纪》。

◆ "赤日炎炎似火烧，野田禾稻半枯焦。农夫心内如汤煮，公子王孙把扇摇。"出自《水浒传》。

◆ "炎"字谜面：
有水无味，无水就热。（打一字）

炎黄子孙
（甲骨文篆刻）

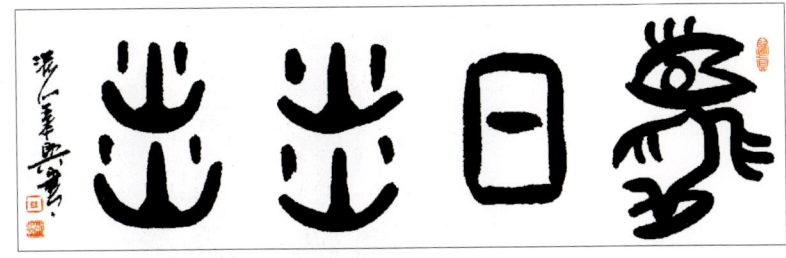

夏日炎炎
（甲骨文书法）

fǎn
反

甲骨文"反"字，从又，表示人之手；从厂（读 hǎn），表示山崖。两形会意，表示以手翻转或推转山石之意。另有以手攀爬山崖之说。属会意字。

本义是指翻转。可引申为相反、返回、倒转、违背、反对、归还等义。

甲骨文"反"字多种写法

甲骨文"反"字拓片

第四级

一 厂 厃 反

甲骨文"反"字书写时,先写"厂"部,再写"又"部。

读一读

反抗、反响、反思、反悔、违反、反复无常、反之亦然、反面教材、反目成仇、反咬一口、反躬自省、反败为胜、反其道而行之。

厉行节约
反对浪费

反对浪费

拓展阅读

◆ "反"字谜面:
饭后见。(打一字)

◆ 意思相反的谚语:
苦海无边,回头是岸——开弓没有回头箭!
人往高处走——爬得高,摔得重!

反客为主
(甲骨文篆刻)

义无反顾
(甲骨文书法)

139

wēi 微

甲骨文"微"字，一边像一个长发的人，另一边像一只手持棍杖击打长发人，这可能是古时一种刑罚。属会意字。

本义指击打。后来也解释为秘密的、细小、精妙、衰落、卑贱等。

甲骨文"微"字多种写法

甲骨文"微"字拓片

第四级

甲骨文"微"字书写时，先写代表长发人的笔画，再写代表手持杖的笔画。两者之间要顾盼呼应，线条粗细、轻重要有变化。

读一读

微笑、微小、微妙、微弱、微观、微风、轻微、稍微、细微、微乎其微。

拓展阅读

◆ "孤光照微陋，耿如月在盆。"出自宋苏轼《次韵和王巩》。

◆ "微风不起浪，明月自随船。"出自宋范仲淹《舟中》。

微微风簇浪，散作满河星

微不足道
（甲骨文篆刻）

微言大义
（甲骨文书法）

141